MW00655351

Prosa del observatorio

Julio Cortázar
Prosa del observatorio

ALFAGUARA

Primera edición: octubre de 2016

Printed in Spain – Impreso en España

ISBN: 978-84-204-1963-3
Depósito legal: B-17346-2016

Impreso en Huertas Industrias Gráficas, S.A., Fuenlabrada (Madrid)

AL19633

Penguin Random House Grupo Editorial

Las referencias al ciclo de las anguilas proceden de un artículo de Claude Lamotte publicado en *Le Monde*, París, 14 de abril de 1971; huelga decir que si alguna vez los ictiólogos allí citados leen estas páginas, cosa poco probable, no deberán ver en ellas la menor alusión personal: al igual que las anguilas, Jai Singh, las estrellas y yo mismo, son parte de una imagen que sólo apunta al lector.*

*En la presente edición se publican las fotos originales tomadas en 1968 por Julio Cortázar del Jantar Mantar, observatorio astronómico del sultán Jai Singh en Jaipur, India *(N. del E.)*.

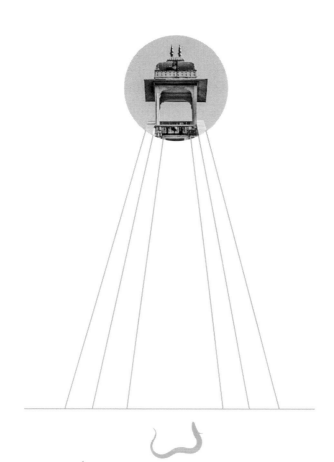

ESA HORA que puede llegar alguna vez fuera de toda hora, agujero en la red del tiempo,

esa manera de estar entre, no por encima o detrás sino entre,

esa hora orificio a la que se accede al socaire de las otras horas, de la incontable vida con sus horas de frente y de lado, su tiempo para cada cosa, sus cosas en el preciso tiempo,

estar en una pieza de hotel o de un andén, estar mirando una vitrina, un perro, acaso

teniéndote en los brazos, amor de siesta o duermevela, entreviendo en esa mancha clara la puerta que se abre a la terraza, en una ráfaga verde la blusa que te quitaste para darme la leve sal que tiembla en tus senos,

y sin aviso, sin innecesarias advertencias de pasaje, en un café del barrio latino o en la última secuencia de una película de Pabst, un arrimo a lo que ya no se ordena como dios manda, acceso entre dos ocupaciones instaladas en el nicho de sus horas, en la colmena día, así o de otra manera (en la ducha, en plena calle, en una sonata, en un telegrama) tocar con algo que no se apoya en los sentidos esa brecha en la sucesión, y tan así, tan resbalando, las anguilas, por ejemplo, la región de los sargazos, las anguilas y también las máquinas de mármol, la noche de Jai Singh bebiendo un flujo de estrellas, los observatorios bajo la luna de Jaipur y de Delhi, la negra cinta de las migraciones, las anguilas en plena calle o en la platea de un teatro, dándose para el que las sigue desde las máquinas de mármol, ese que ya no mira el reloj en la noche de París; tan simplemente anillo de Moebius y de anguilas y de máquinas de mármol, esto que fluye ya en una palabra desatinada, desarrimada, que busca por sí misma, que también se pone en

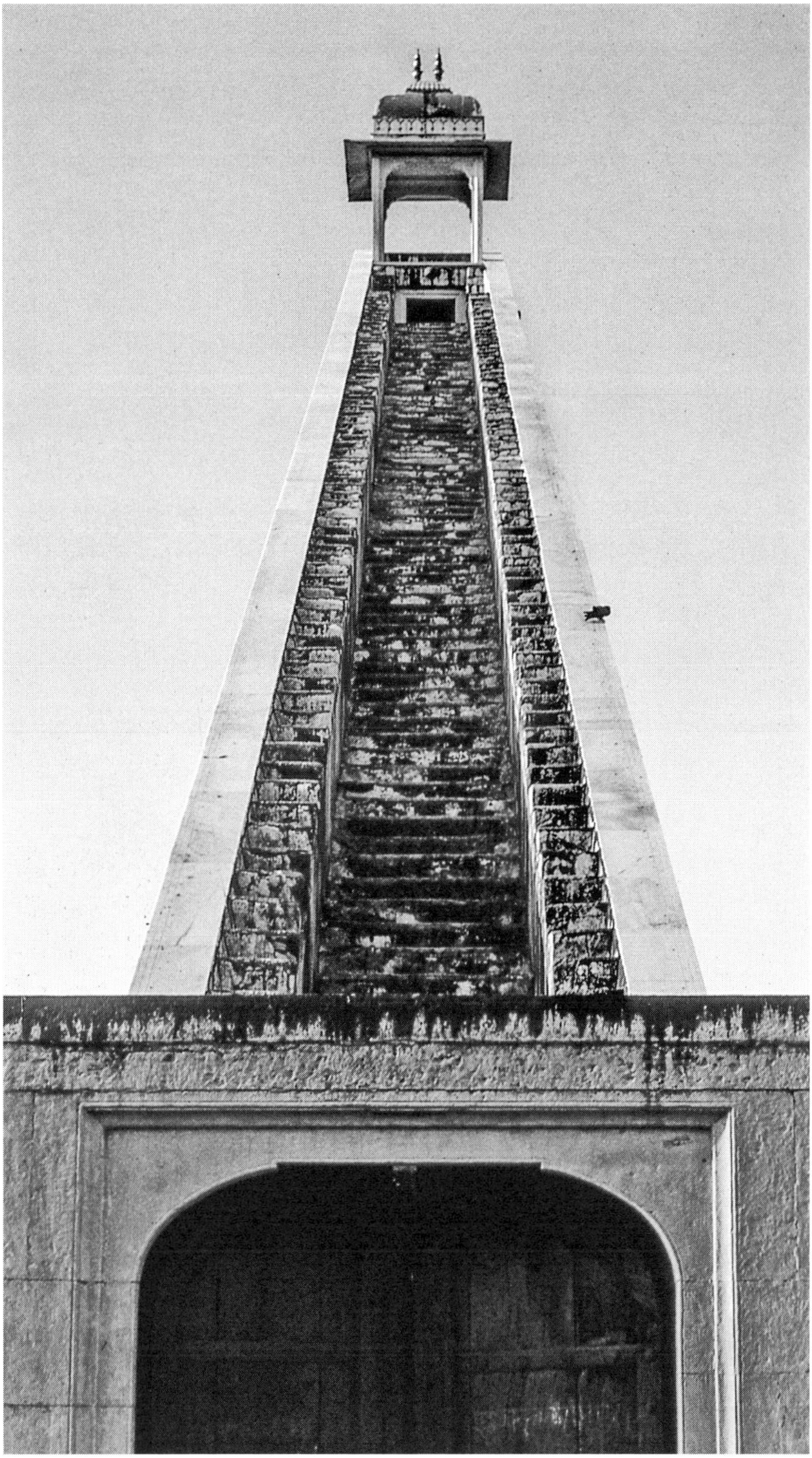

marcha desde sargazos de tiempo y semánticas aleatorias, la migración de un verbo: discurso, decurso, las anguilas atlánticas y las palabras anguilas, los relámpagos de mármol de las máquinas de Jai Singh, el que mira los astros y las anguilas, el anillo de Moebius circulando en sí mismo, en el océano, en Jaipur, cumpliéndose otra vez sin otras veces, siendo como lo es el mármol, como lo es la anguila: comprenderás que nada de eso puede decirse desde aceras o sillas o tablados de la ciudad; comprenderás que sólo así, cediéndose anguila o mármol, dejándose anillo, entonces ya no se está entre los sargazos, hay decurso, eso pasa: intentarlo, como ellas en la noche atlántica, como el que busca las mensuras estelares, no para saber, no para nada; algo como un golpe de ala, un descorrerse, un quejido de amor y entonces ya, entonces tal vez, entonces por eso sí.

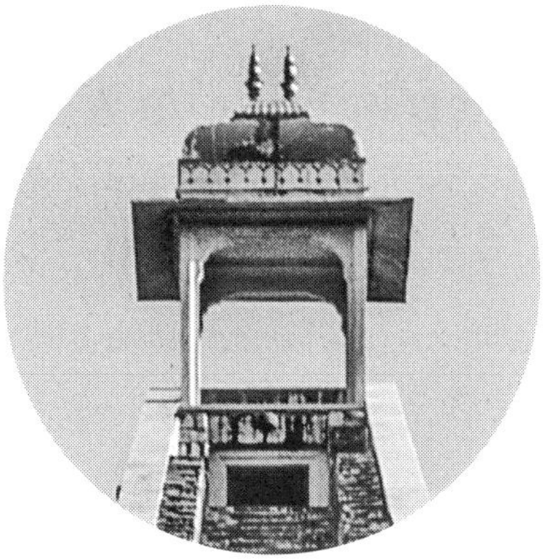

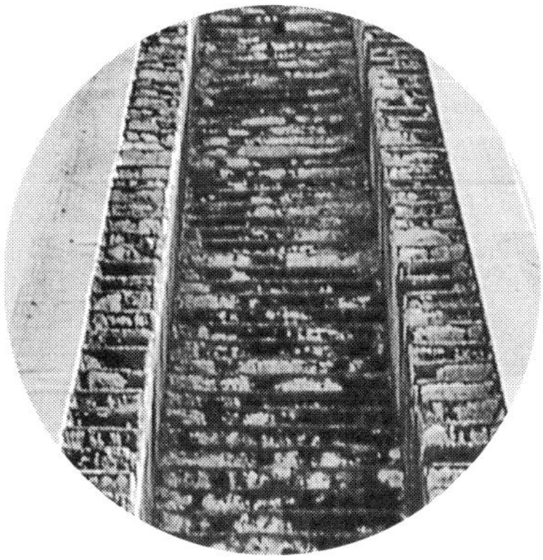

Desde luego inevitable metáfora, anguila o estrella, desde luego perchas de la imagen, desde luego ficción, ergo tranquilidad en bibliotecas y butacas; como quieras, no hay otra manera aquí de ser un sultán de Jaipur, un banco de anguilas, un hombre que levanta la cara hacia lo abierto en la noche pelirroja. Ah, pero no ceder al reclamo de esa inteligencia habituada a otros envites: entrarle a palabras, a saco de vómito de estrellas o de anguilas; que lo dicho sea, la lenta curva de las máquinas de mármol o la cinta negra hirviente nocturna al asalto de los estuarios, y que no sea por solamente dicho, que eso que fluye o converge o busca sea lo que es y no lo que se dice: perra aristotélica, que lo binario que te afila los colmillos sepa de alguna manera su innecesidad cuando otra esclusa empieza a abrirse en mármol y en peces, cuando Jai Singh con un cristal

entre los dedos es ese pescador que extrae de
la red, estremecida de dientes y de rabia, una
anguila que es una estrella que es una anguila
que es una estrella que es una anguila.

Así la galaxia negra corre en la noche como
la otra dorada allá arriba en la noche corre in-
móvilmente: para qué buscar más nombres, más

ciclos cuando hay estrellas, hay anguilas que nacen en las profundidades atlánticas y empiezan,
porque de alguna manera hay que empezar a
seguirlas, a crecer, larvas translúcidas flotando
entre dos aguas, anfiteatro hialino de medusas
y plancton, bocas que resbalan en una succión
interminable, los cuerpos ligados en la ya ser-

piente multiforme que alguna noche cuya hora nadie puede saber ascenderá leviatán, surgirá kraken inofensivo y pavoroso para iniciar la migración a ras de océano mientras la otra galaxia desnuda su bisutería para el marino de guardia que a través del gollete de una botella de ron o de cerveza entrevé su indiferente monotonía y maldice a cada trago un destino sin singladuras, un salario de hambre, una mujer que estará haciendo el amor con algún otro en los puertos de la vida.

Es así: Johannes Schmidt, danés, supo que en las terrazas de un Elsinor moviente, entre los 22 y los 30 grados de latitud norte y entre los 48 y los 65 de longitud oeste, el recurrente súcubo del mar de los sargazos era más que el fantasma de un rey envenenado y que allí, inseminadas al término de un ciclo de lentas mutaciones, las anguilas que tantos años vivieron

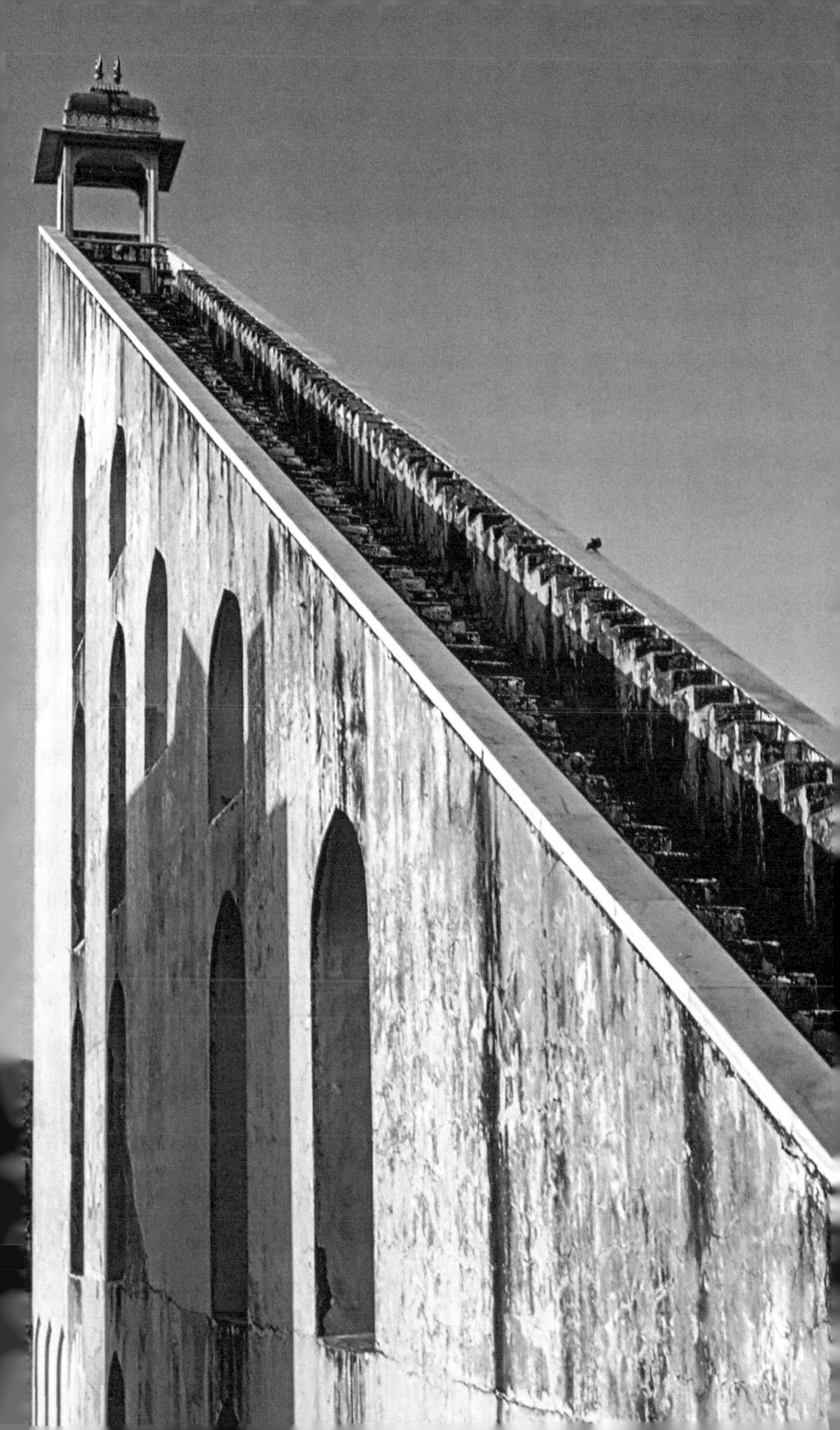

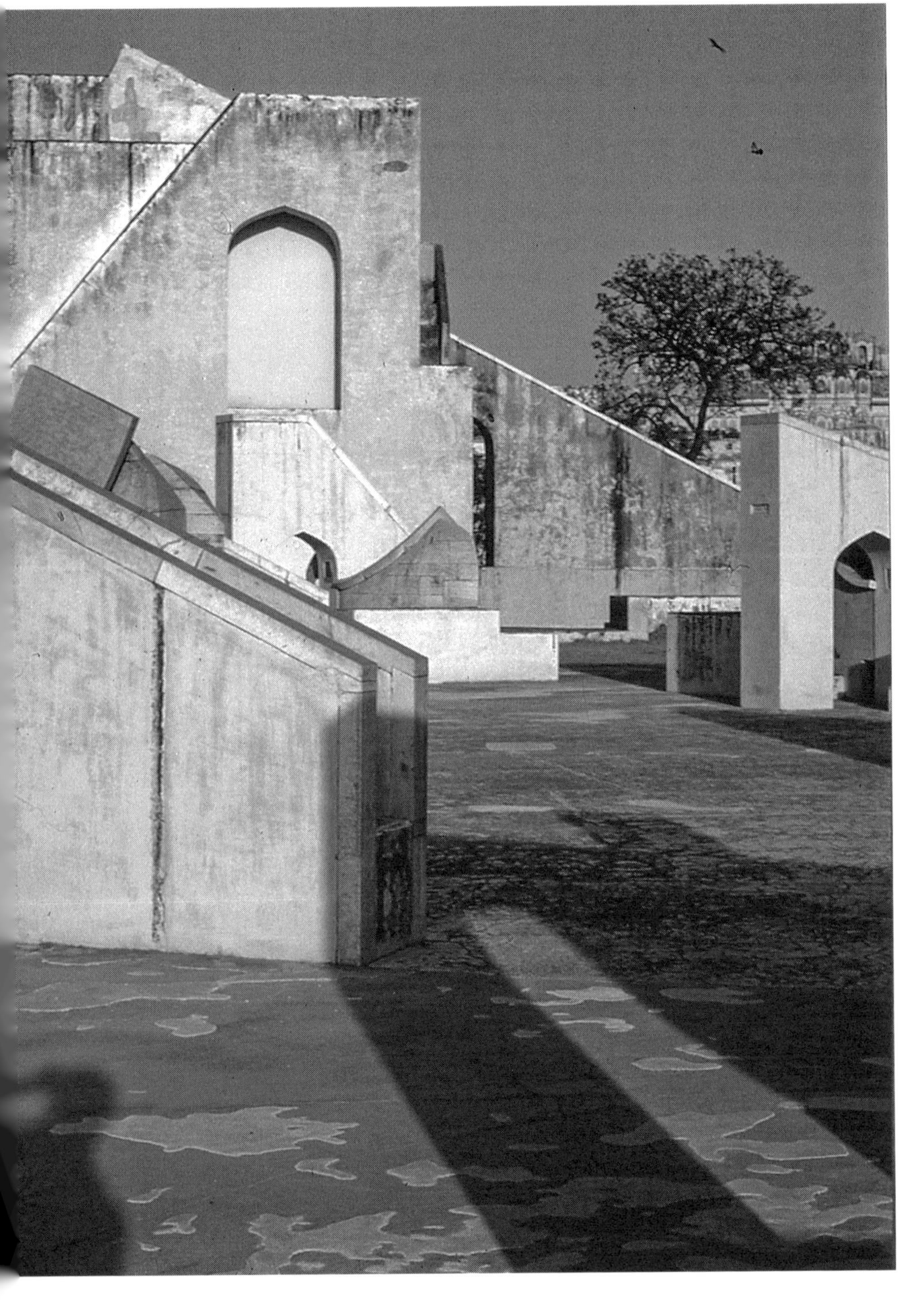

al borde de los filos del agua vuelven a sumergirse en la tiniebla de cuatrocientos metros de profundidad, ocultas por medio kilómetro de lenta espesura silenciosa ponen sus huevos y se disuelven en una muerte por millones de millones, moléculas del plancton que ya las primeras larvas sorben en la palpitación de la vida incorruptible. Nadie puede ver esa última danza de muerte y de renacimiento de la galaxia negra, instrumentos guiados desde lejos habrán dado a Schmidt un acceso precario a esa matriz del océano, pero Pitón ya ha nacido, las larvas diminutas y aceitadas, «Anguilla anguilla», perforan lentamente el muro verde, un calidoscopio gigantesco las combina entre cristales y medusas y bruscas sombras de escualos o cetáceos. Y también ellas entrarán en una lengua muerta, se llamarán leptocéfalos, ya es primavera en las espaldas del océano y la pulsión estacional ha despertado en lo más hondo el enderezarse de las miríadas microscópicas, su ascenso hacia aguas más tibias y más azules, el arribo al fabuloso nivel desde donde la serpiente va a lanzarse hacia nosotros, va a venir con billones de ojos dientes lomos colas bocas, inconcebible por demasiado, absurda por cómo, por por qué, pobre Schmidt.

Todo se responde, pensaron con un siglo de intervalo Jai Singh y Baudelaire, desde el mirador de la más alta torre del observatorio el sultán debió buscar el sistema, la red cifrada que le diera las claves del contacto: cómo hubiera podido ignorar que el animal Tierra se asfixiaría en una lenta inmovilidad si no estuviera desde siempre en el pulmón de acero astral, la tracción sigilosa de la luna y del sol atrayendo y rechazando el pecho verde de las aguas. Inspirado, espirado por una potencia ajena, por la gracia de un vaivén que desde resortes fuera de toda imaginación se vuelve mensurable y como al alcance de una torre de mármol y unos ojos de insomnio, el océano alienta y dilata sus alvéolos, pone en marcha su sangre renovada que rompe rabiosa en los farallones, dibuja sus espirales de materia fusiforme, concentra y dispersa los oleajes, las anguilas, ríos en el mar, venas en el pulmón índigo, las corrientes profundas batallan por el frío o por el calor, a cincuenta metros de la superficie los leptocéfalos son embarcados por el vehículo hialino, durante más de tres años surcarán la tubería de precisos calibres térmicos, treinta y seis meses la serpiente de incontables ojos resbalará bajo las quillas y las espumas hasta las costas europeas. Cada signo de mensura en las rampas de mármol de Jaipur recibió (recibe siempre, ya para nadie, para monos y turistas) los signos morse, el alfabeto sideral que en otra dimensión de lo sensible se vuelve plancton, viento alisio, naufragio del petrolero californiano «Norman» (8 de mayo de 1957), eclosión de los cerezos de Naga o de Sivergues, lavas del Osorno, anguilas llegando a puerto, leptocéfalos que después de alcanzar ocho centímetros en tres años no sabrán que su ingreso en aguas más dulces acciona algún mecanismo de la tiroides, ignorarán que ya empiezan a llamarse angulas, que nuevas palabras tranquilizadoras acompañan el asalto de la serpiente a los arrecifes, el avance a los estuarios, la incontenible invasión de los ríos; todo eso que no tiene nombre se llama ya de tantas maneras, como Jai Singh permutaba destellos por fórmulas, órbitas insondables por concebibles tiempos.

«Marzo è pazzo», dice el proverbio italiano; «en abril, aguas mil», agrega la sentencia española. De locura y de aguas mil está hecho el asalto a los ríos y a los torrentes, en marzo y en abril millones de angulas ritmadas por el doble instinto de la oscuridad y la lejanía aguardan la noche para encauzar el pitón de agua dulce, la columna flexible que se desliza en la tiniebla de los estuarios, tendiendo a lo largo de kilómetros una lenta cintura desceñida; imposible prever dónde, a qué alta hora la informe cabeza toda ojos y bocas y cabellos abrirá el deslizamiento río arriba, pero los últimos corales han sido salvados, el agua dulce lucha contra una desfloración implacable que la toma entre légamos y espumas, las angulas vibrantes contra la corriente se sueldan en su fuerza común, en su ciega voluntad de subir, ya nada las detendrá, ni ríos ni hombres ni esclusas ni cascadas, las múltiples serpientes al asalto de los ríos europeos dejarán miríadas de cadáveres en cada obstáculo, se segmentarán y retorcerán en las redes y los meandros, yacerán de día en un sopor profundo, invisibles para otros ojos, y cada noche reharán el hirviente tenso cable negro y como guiadas por una fórmula de estrellas, que Jai Singh pudo medir con cintas de mármol y compases de bronce, se desplazarán hacia las fuentes fluviales, buscando en incontables etapas un arribo del que nada saben, del que nada pueden esperar; su fuerza no nace de ellas, su razón palpita en otras madejas de energía que el sultán consultó a su manera, desde presagios y esperanzas y el pavor primordial de la bóveda llena de ojos y de pulsos.

El profesor Maurice Fontaine, de la Academia de Ciencias de Francia, piensa que el imán del agua dulce que desesperadamente atrae a las angulas obligándolas a suicidarse por millones en las esclusas y las redes para que el resto pase y llegue nace de una reacción de su sistema neuroendocrino frente al adelgazamiento y a la deshidratación que acompaña la metamorfosis de los leptocéfalos en angulas. Bella es la ciencia, dulces las palabras que siguen el decurso de las angulas y nos explican su saga, bellas y dulces e hipnóticas como las terrazas

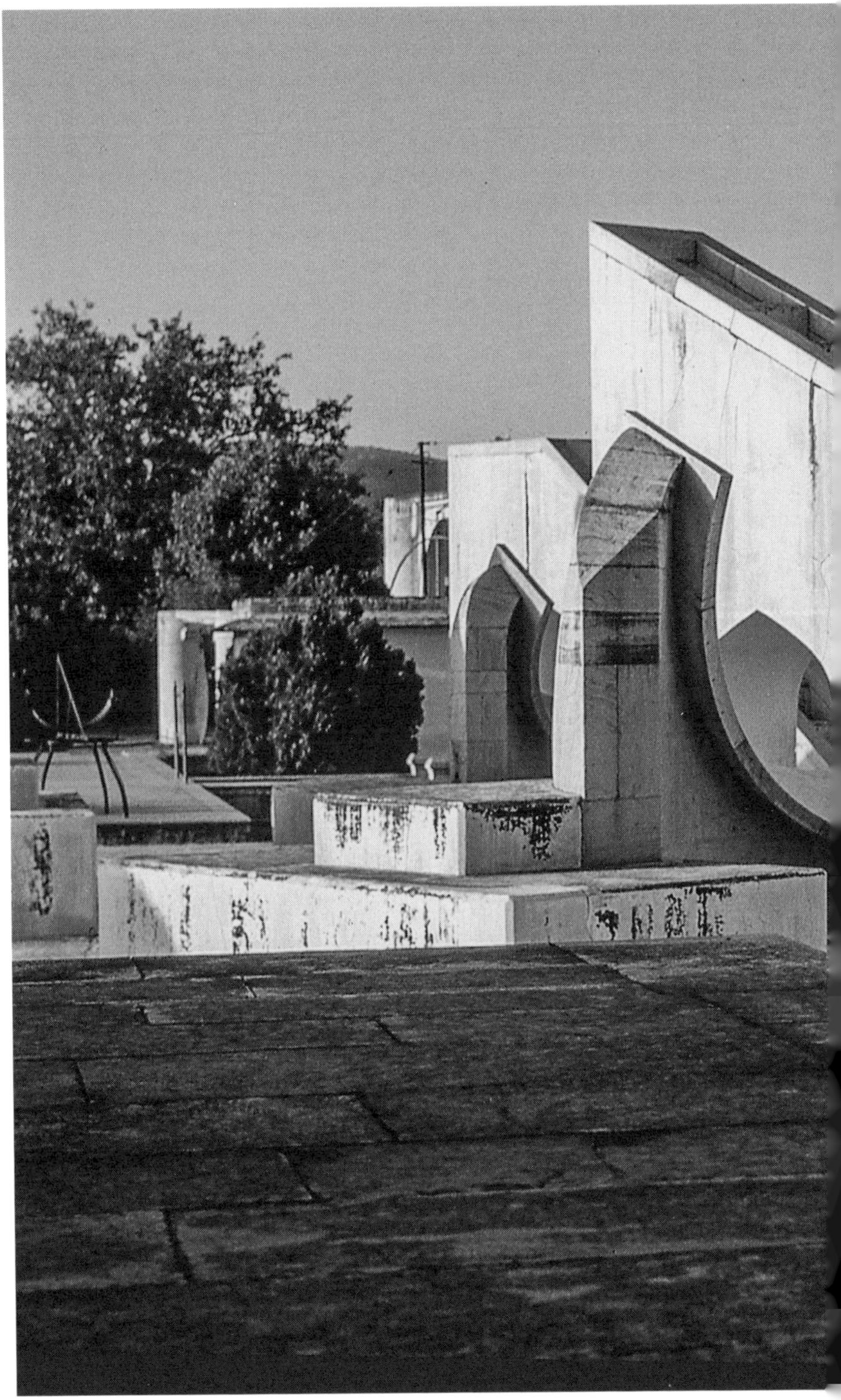

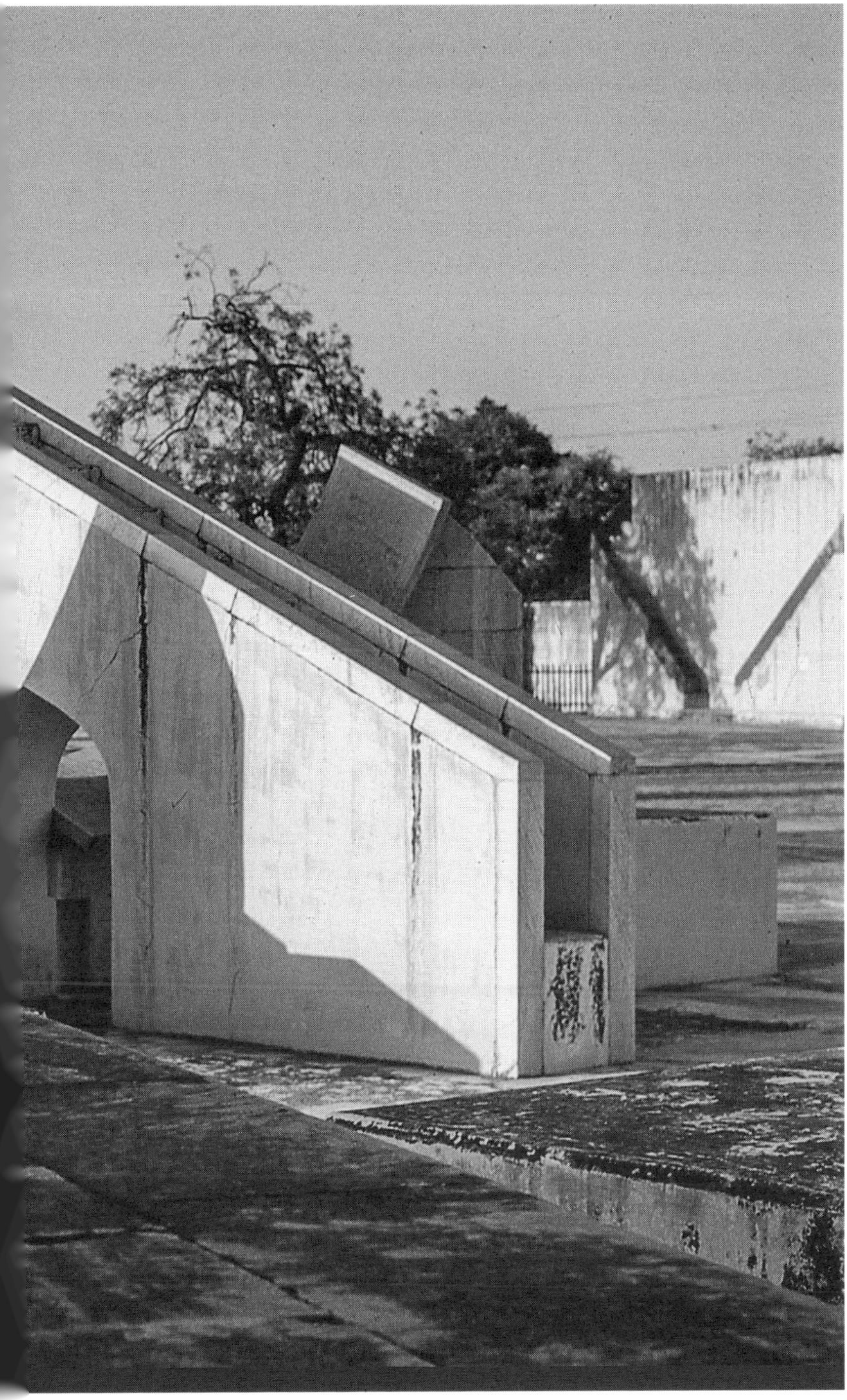

plateadas de Jaipur donde un astrónomo manejó en su día un vocabulario igualmente bello y dulce para conjurar lo innominable y verterlo en pergaminos tranquilizadores, herencia para la especie, lección de escuela, barbitúrico de insomnios esenciales, y llega el día en que las angulas se han adentrado en lo más hondo de su cópula hidrográfica, espermatozoides planetarios ya en el huevo de las altas lagunas, de los estanques donde sueñan y se reposan los ríos, y los tortuosos falos de la noche vital se acalman, se acaman, las columnas negras pierden su flexible erección de avance y búsqueda, los individuos nacen a sí mismos, se separan de la serpiente común, tantean por su cuenta y riesgo los peligrosos bordes de las pozas, de la vida; empieza, sin que nadie pueda conocer la hora, el tiempo de la anguila amarilla, la juventud de la raza en su territorio conquistado, el agua al

fin amiga ciñendo sin combate los cuerpos que reposan.

Y crecen. Durante dieciocho años, plácidas en sus huecos, en sus nichos, aletargadas en el limo, rozándose en una lenta ceremonia para nadie, salpicando el aire con un aletazo y un cabrilleo, devorando incesantes los jugos de la profundidad, repitiendo durante dieciocho años el deslizamiento solapado que las lleva en una fracción de segundo, durante dieciocho años, al fragmento comestible, a la materia orgánica en suspensión, solitarias soñolientas o violentamente concertadas para despedazar una presa y rechazarse en un frenético desbande, las anguilas crecen y cambian de color, la pubertad las asalta como un latigazo y las transforma cromáticamente, el mimético amarillo de los légamos cede poco a poco al mercurio, en algún momento la anguila plateada prismará el primer sol del día con un rápido giro de su espalda, el agua turbia de los fondos deja entrever los espejos fusiformes que se replican y desdoblan en una lenta danza: ha llegado la hora en que cesarán de comer, prontas para el ciclo final, la anguila plateada espera inmóvil la llamada de algo que la señorita Callamand considera, al igual que el profesor Fontaine, un fenómeno de interacción neuroendocrina: de pronto, de noche, al mismo tiempo, todo río es río abajo, de toda fuente hay que huir, tensas aletas rasgan furiosamente el filo del agua: Nietzsche, Nietzsche.

Primero hay una fase de excitación, una como noticia o santo y seña que las alborota: dejar los juncos, las pozas, dejar dieciocho años de hueco entre roca, volver. Alguna remota ecuación química guarda la memoria velada de los

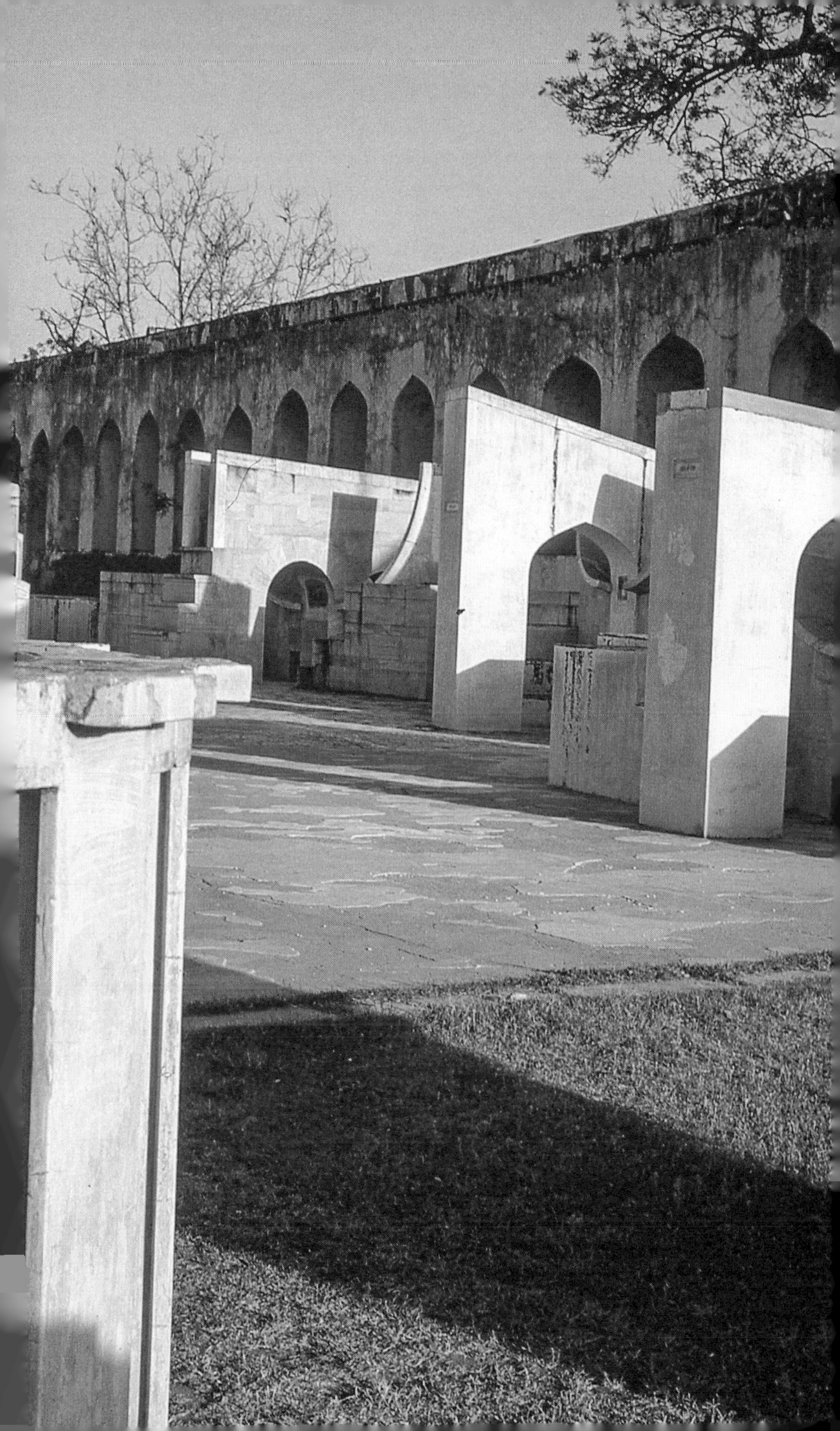

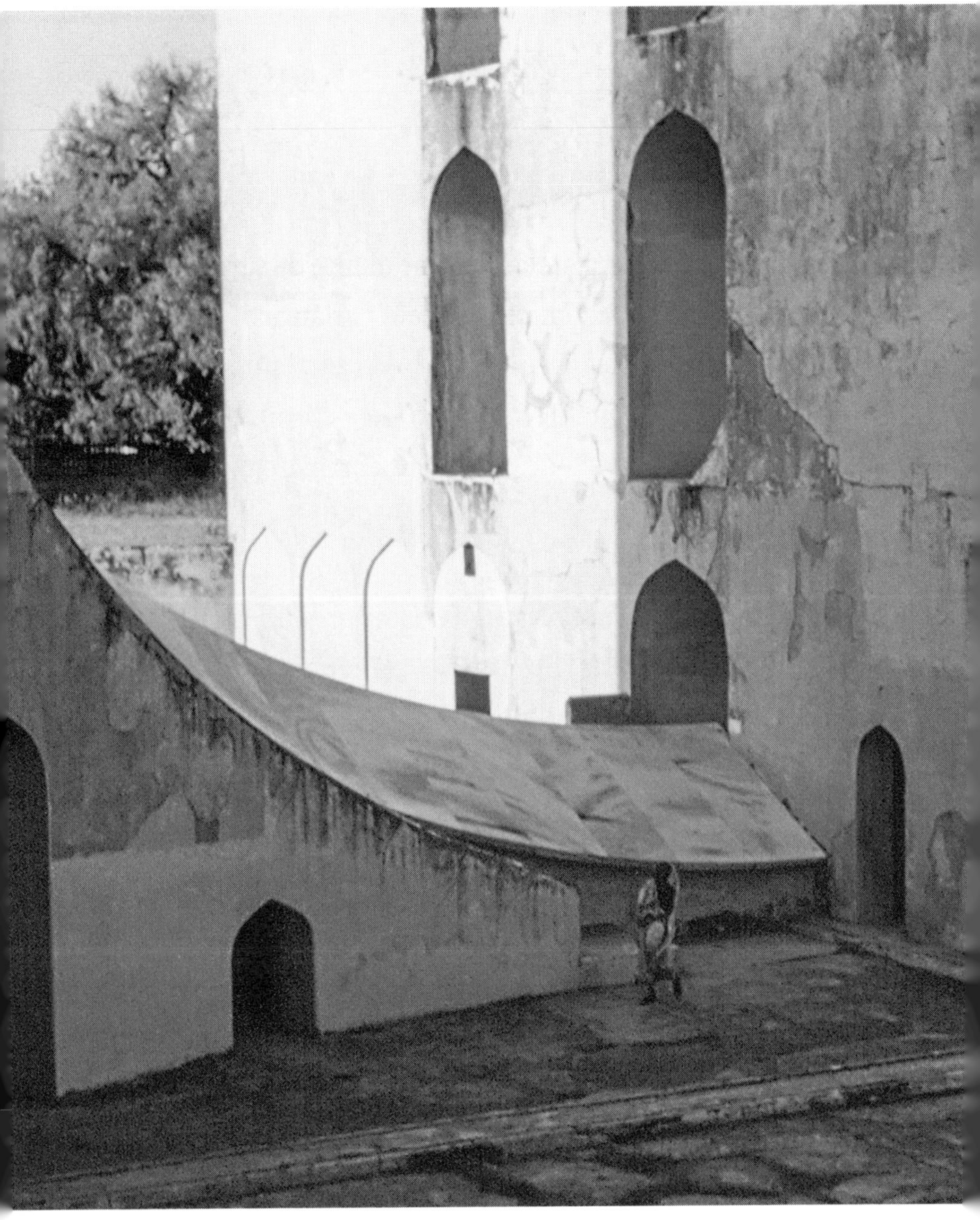

orígenes, una constelación ondulante de sargazos, la sal en las fauces, el calor atlántico, los
monstruos al acecho, las medusas al teléfono o
paracaídas, el guante atontado del octopus. Re-
tornar al fragor silencioso de las corrientes sub-
marinas, sus venas sin escape; también el cielo
es así en las noches despejadas cuando las estrellas se amalgaman en una misma presión, con-
juradas y hostiles, negándose al recuento, a las
nomenclaturas, oponiendo una aterciopelada
inalcanzabilidad a la lente que las circunda y
abstrae, metiéndose de a diez, de a cien en un
mismo campo visual, obligando a Jai Singh a ba-
ñarse los párpados con el bálsamo que su médi-
co extrae de hierbas enraizadas en los mitos del
cielo, en los crueles, alegres juegos de las deida-
des hartas de inmortalidad.

Después, según estima la señorita Callamand, sigue una fase de desmineralización, las

anguilas se vuelven amorfas, se abandonan a las corrientes, el verano se acaba, las hojas secas flotan con ellas río abajo, a veces una metralla de lluvia las alcanza y despierta, las anguilas resbalan con el río, se protegen de la lluvia y el perfil amenazante de las nubes, desmineralizadas y amorfas ceden a la imperceptible pendiente que las acerca a los estuarios y a la avidez de quienes esperan en las curvas del río, el hombre está ahí, codicioso de la anguila plateada, la mejor de las anguilas, atrapando sin lucha las anguilas desmineralizadas y amorfas abandonadas a la corriente, sin reflejos, basadas en el número, en que nada importa si el pescador las atrapa y las devora innúmeras pues muchas más pasarán lejos de redes y anzuelos, llegarán a las desembocaduras, despertarán a la sal, a los golpes de un oleaje que también golpea en una oscura memoria recurrente; es el

otoño, las pescas milagrosas, las cestas reple-
tas de anguilas que tardan en morir porque sus
estrechas branquias guardan una reserva de
agua, de vida, y duran, horas y horas se retuer-
cen en las cestas, todos los peces están muer-
tos y ellas siguen una salvaje batalla con la as-
fixia, hay que despedazarlas, hundirlas en el
aceite hirviendo, y las viejas en los puertos mue-
ven la cabeza y las miran y rememoran una oscura sapiencia, los bestiarios remotos donde anguilas astutas salen del agua e invaden los huertos
y los vergeles (son las palabras que se emplean
en los bestiarios) para cazar caracoles y gusa-
nos, para comerse los guisantes de los huertos
como dice la enciclopedia Espasa que sabe
tanto sobre las anguilas. Y es verdad que si un
río se agosta, si aguas arriba una represa o una
cascada les veda la carrera hacia las fuentes, las
jóvenes anguilas saltan fuera del cauce y fran-

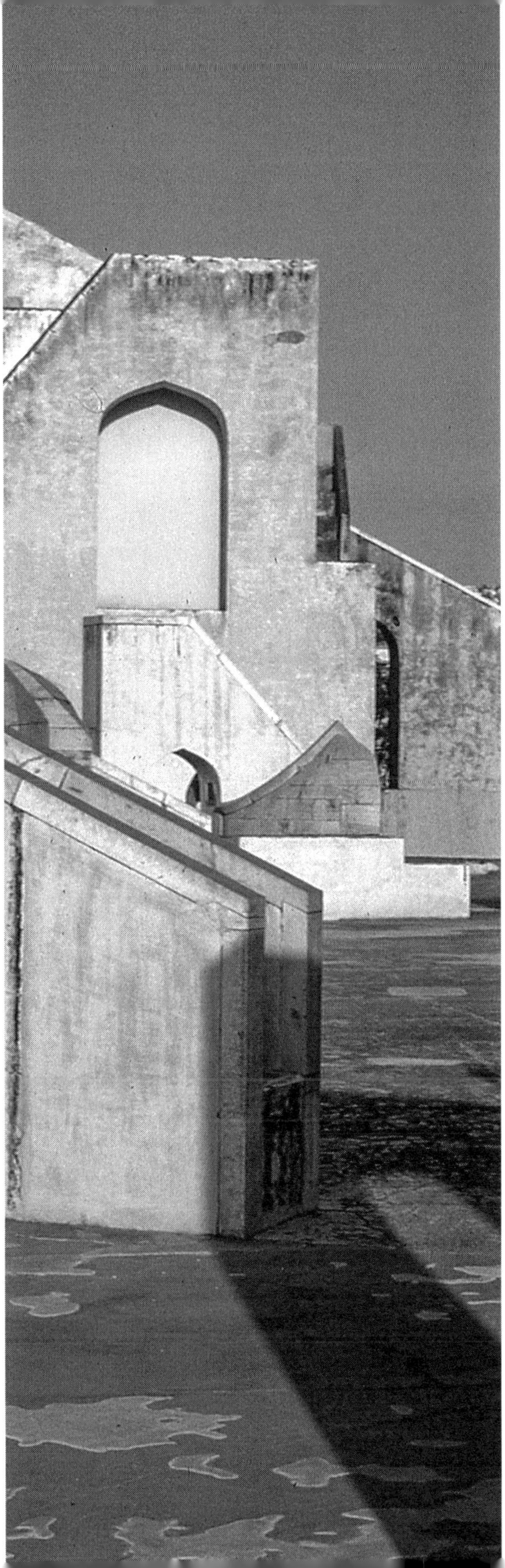

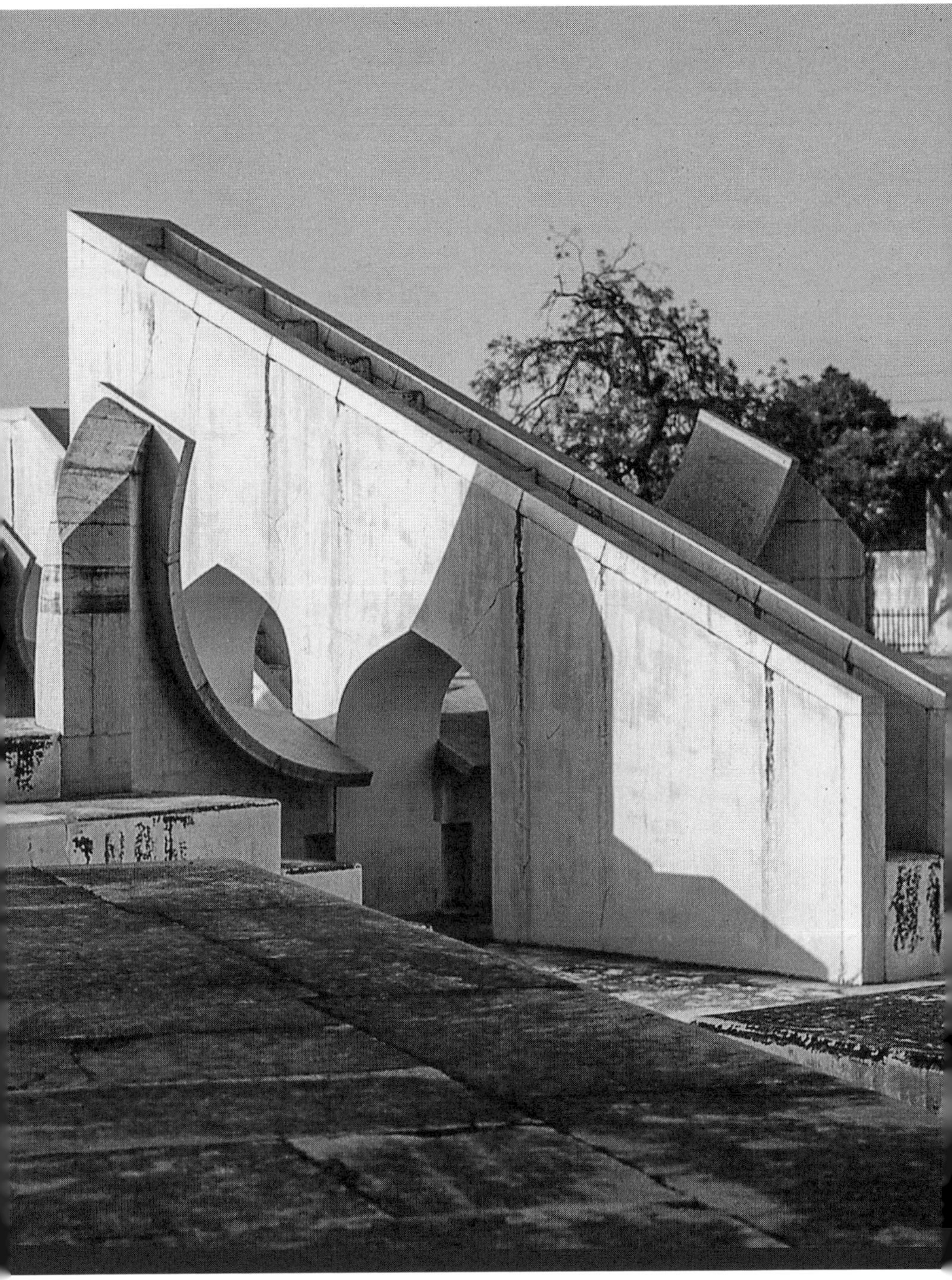

quean el obstáculo sin morir, resistiendo el aho-
go, resbalando obstinadas por el musgo y los
helechos; pero ahora las que bajan están desmineralizadas y amorfas, se dejan pescar y
sólo tienen fuerzas para luchar contra una
muerte que no han evitado, que las tortura deli-
cadamente durante horas como si se vengara
de las otras, de las que siguen río abajo en
multitudes incontables, buscando los corales y
la sal del regreso.

De Jai Singh se presume que hizo cons-
truir los observatorios con el elegante desen-
canto de una decadencia que nada podía esperar ya de las conquistas militares, ni siquiera
tal vez de los serrallos donde sus mayores ha-
bían preferido un cielo de estrellas tibias en un
tiempo de aromas y de músicas; serrallo del

alto aire, un espacio inconquistable tenía el deseo del sultán en el límite de las rampas de mármol; sus noches de pavorreales blancos y de lejanas llamaradas en las aldeas, su mirada y sus máquinas organizando el frío caos violeta y verde y tigre: medir, computar, entender, ser parte, entrar, morir menos pobre, oponerse pecho a pecho a esa incomprensibilidad tachonada, arrancarle un jirón de clave, hundirle en el peor de los casos la flecha de la hipótesis, la anticipación del eclipse, reunir en un puño mental las riendas de esa multitud de caballos centelleantes y hostiles. También la señorita Callamand y el profesor Fontaine ahíncan las teorías de nombres y de fases, embalsaman las anguilas en una nomenclatura, una genética, un proceso neuroendocrino, del amarillo al plateado, de los estanques a los estuarios, y las estrellas huyen de los ojos de Jai Singh como las anguilas de las palabras de la ciencia, hay ese momento prodigioso en que desaparecen para siempre, en que más allá de la desembocadura de los ríos nada ni nadie, red o parámetro o bioquímica pueden alcanzar eso que vuelve a su origen sin que se sepa cómo, eso que es otra vez la serpiente atlántica, inmensa cinta plateada con bocas de agudos dientes y ojos vigilantes, deslizándose en lo hondo, no ya movida pasivamente por una corriente, hija de una voluntad para la que no se conocen palabras de este lado del delirio, retornando al útero inicial, a los sargazos donde las hembras inseminadas buscarán otra vez la profundidad para desovar, para incorporarse a la tiniebla y morir en lo más hondo del vientre de leyendas y pavores. ¿Por qué, se pregunta la señorita Callamand, un retorno que condenará a las larvas a reiniciar el interminable remonte hacia los ríos europeos? ¿Pero qué sentido puede tener ese por qué cuando lo que se busca en la respuesta no es más que cegar un agujero, poner la tapa a una olla escandalosa que hierve y hierve para nadie? Anguilas, sultán, estrellas, profesor de la Academia de Ciencias: de otra manera, desde otro punto de partida, hacia otra cosa hay que emplumar y lanzar la flecha de la pregunta.

Las máquinas de mármol, un helado erotismo en la noche de Jaipur, coagulación de luz en el recinto que guardan los hombres de Jai Singh, mercurio de rampas y hélices, grumos de luna entre tensores y placas de bronce; pero el hombre ahí, el inversor, el que da vuelta las suertes, el volatinero de la realidad: contra lo petrificado de una matemática ancestral, contra los husos de la altura destilando sus hebras para una inteligencia cómplice, telaraña de telarañas, un sultán herido de diferencia yergue su voluntad enamorada, desafía un cielo que una vez más propone las cartas transmisibles, entabla una lenta, interminable cópula con un cielo que exige obediencia y orden y que él violará noche tras noche en cada lecho de piedra, el frío vuelto brasa, la postura canónica desdeñada por caricias que desnudan de otra manera los ritmos de la luz en el mármol, que ciñen esas formas donde se deposita el tiempo de los astros y las alzan a sexo, a pezón y a murmullo. Erotismo de Jai Singh al término de una raza y una historia, rampas de los observatorios donde las vastas curvas de senos y de muslos ceden sus derroteros de delicia a una mirada que posee por transgresión y reto y que salta a lo innominable desde sus catapultas de tembloroso silencio mineral. Como en las pinturas de Remedios Varo, como en las noches más altas de

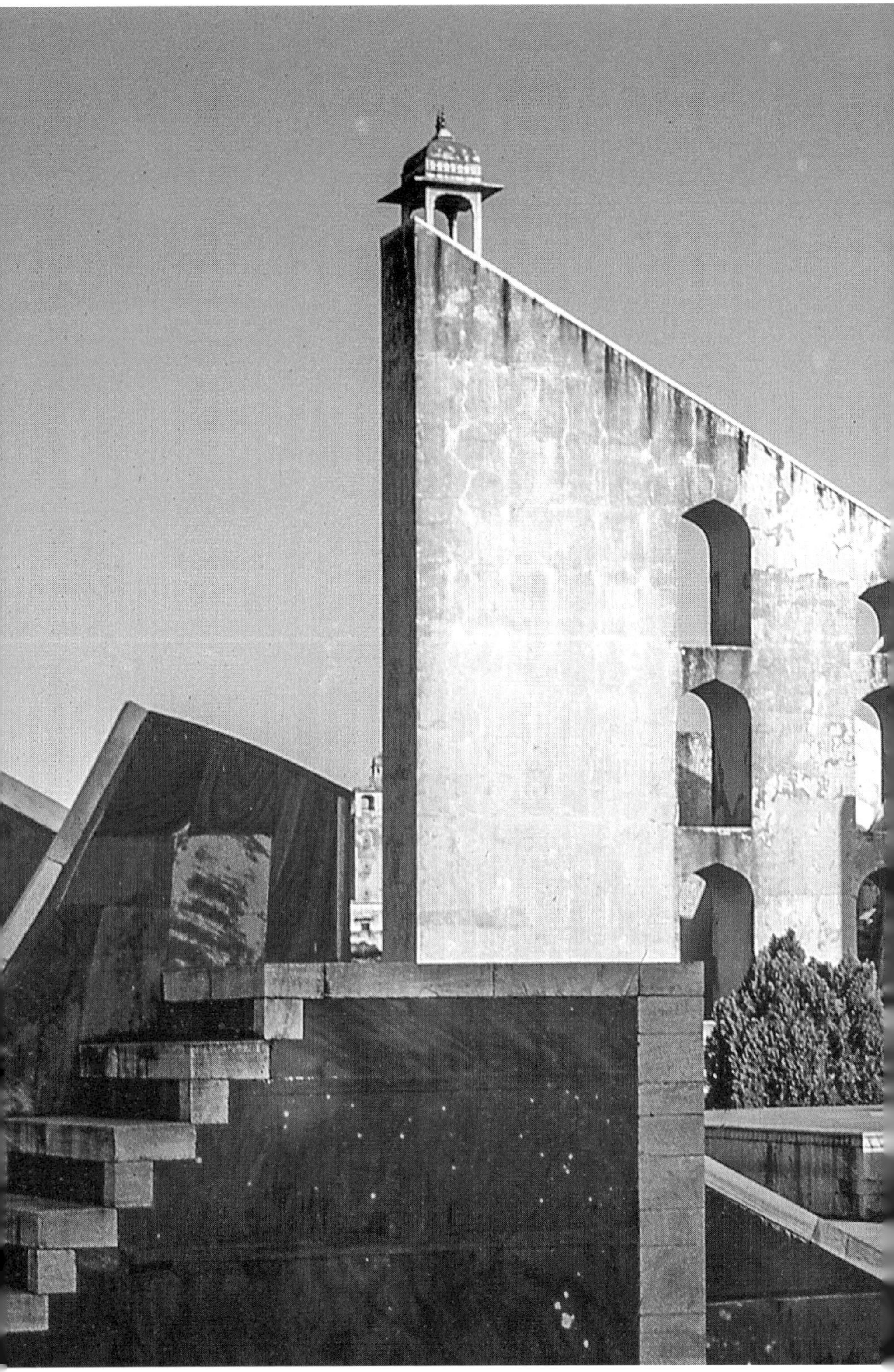

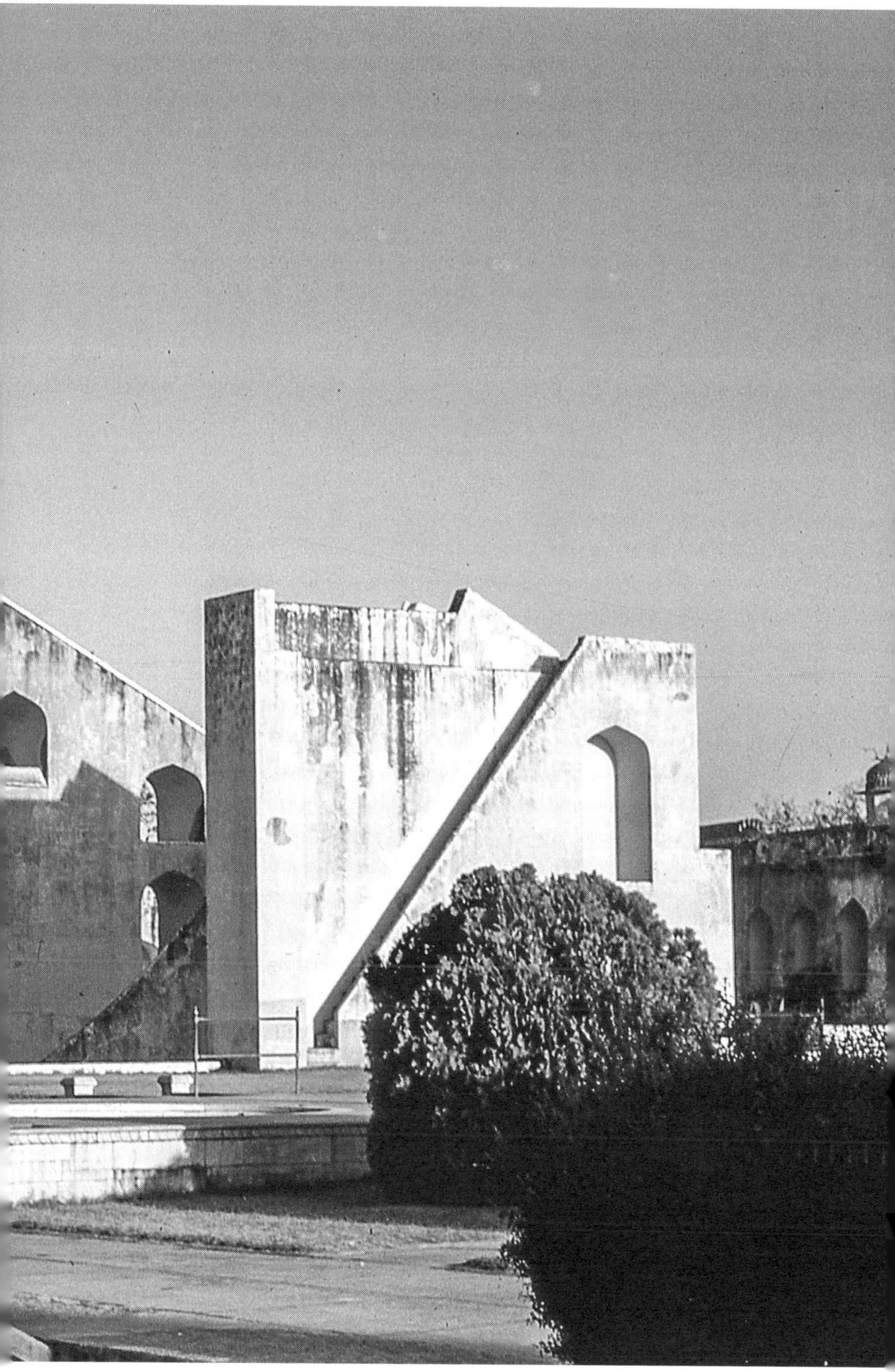

Novalis, los engranajes inmóviles de la piedra agazapada esperan la materia astral para molerla en una operación de caliente halconería. Jaulas de luz, gineceo de estrellas poseídas una a una, desnudadas por un álgebra de aceitadas falanges, por una alquimia de húmedas rodillas, desquite maniático y cadencioso de un Endimión que vuelve las suertes y lanza contra Selene una red de espasmos de mármol, un enjambre de parámetros que la desceñirán hasta entregarla a ese amante que la espera en lo más alto del laberinto matemático, hombre de piel de cielo, sultán de estremecidas favoritas que se rinden desde una interminable lluvia de abejas de medianoche.

De la misma manera, señorita Callamand, algo que el diccionario llama anguila está esperando acaso la serpiente simétrica de un deseo diferente, el asalto desmesurado de otra cosa que la neuroendocrinología para alzarse de las aguas primordiales, desnudar su cintura de milenios de sargazos y darse a un encuentro que jamás sospecharía Johannes Schmidt. Sabemos de sobra que el profesor Fontaine preguntará por la finalidad de semejante búsqueda, a la hora en que uno de sus ayudantes cumple la delicada tarea de fijar un minúsculo emisor de radiaciones en el cuerpo de una anguila plateada, devolverla al océano y seguir así la pista de un itinerario mal cartografiado. Pero no hablamos de buscar, señorita Callamand, no se trata de satisfacciones mentales ni de someter a otra vuelta de tuerca una naturaleza todavía mal colonizada. Aquí se pregunta por el hombre aunque se hable de anguilas y de estrellas; algo que viene de la música, del combate amoroso y de los ritmos estacionales, algo que la analogía tantea en la esponja, en el pulmón y el sístole, balbucea sin vocabulario tabulable una dirección hacia otro entendimiento. Por lo demás, ¿cómo no respetar las valiosas actividades de la señora M.-L. Bauchot, por ejemplo, que brega por la más correcta identificación de las

larvas de los diferentes peces ápodos (anguilas, congrios, etc.)? Solamente que antes y después está lo abierto, lo que el águila estúpidamente alcanza a ver, lo que el negro río de las anguilas dibuja en la masa elemental atlántica, abierto a otro sentido que a su vez nos abre, águilas y anguilas de la gran metáfora quemante. (Y como por casualidad descubrir que sólo una consonante diferencia esos dos nombres; y decirse una vez más que la casualidad, esa palabra tranquilizadora, ese otro umbral de la apertura…)

Así yo —una vez más el Occidente odioso, la obstinada partícula que subtiende todos sus discursos— quisiera asomar a un campo de contacto que el sistema que ha hecho de mí esto que soy niega entre vociferaciones y teoremas. Digamos entonces ese yo que es siempre algu-

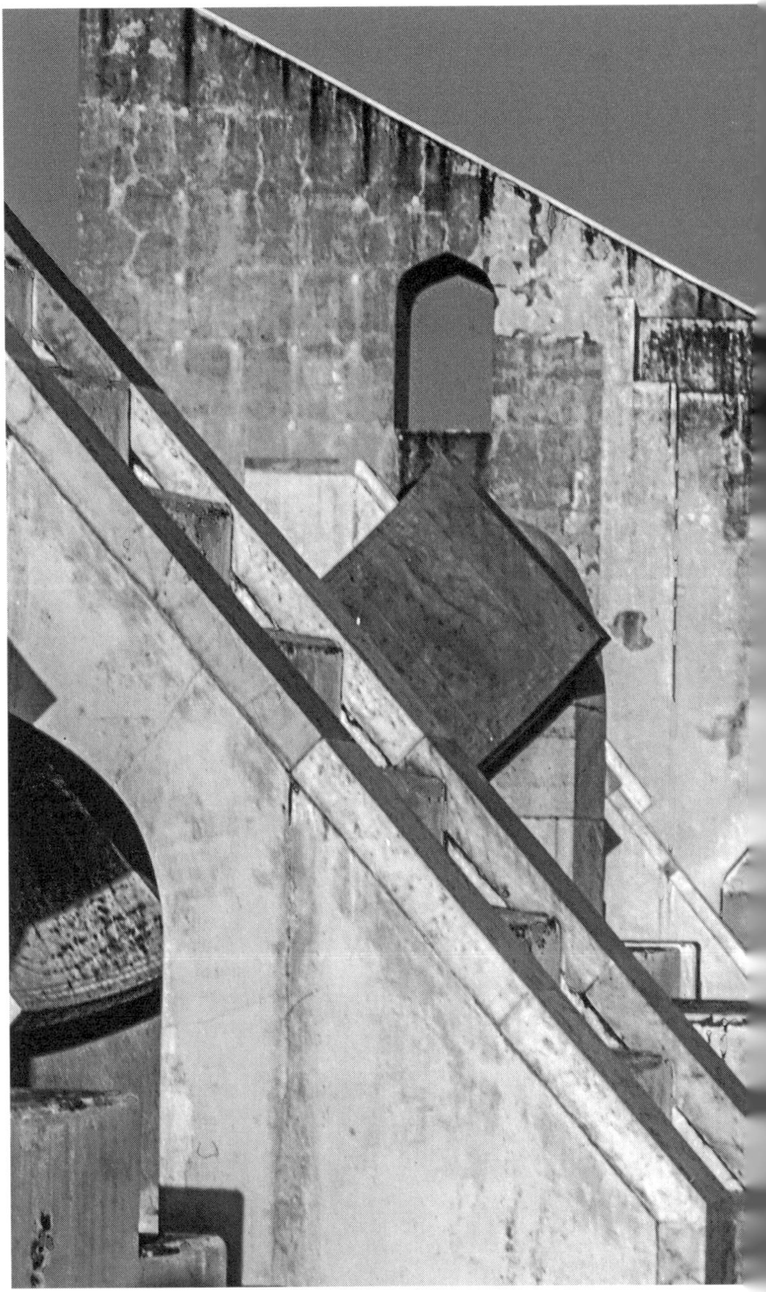

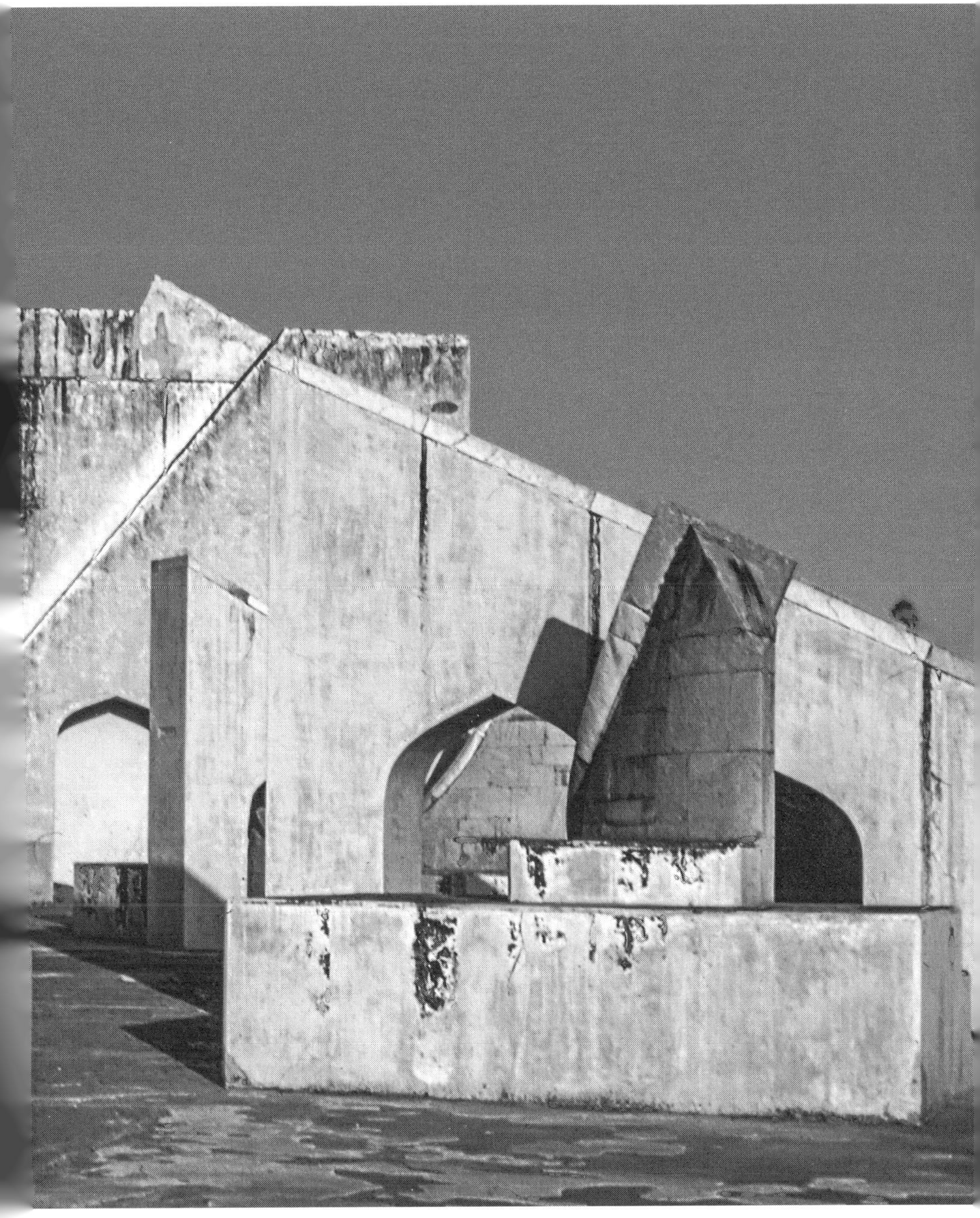

no de nosotros, desde la inevitable plaza fuerte saltemos muralla abajo: no es tan difícil perder la razón, los celadores de la torre no se darán demasiada cuenta, qué saben de anguilas o de esas interminables teorías de peldaños que Jai Singh escalaba en una lenta caída hacia el cielo; porque él no estaba de parte de los astros como algún poeta de nuestras tierras sureñas, no se aliaba a la señora M.-L. Bauchot para la más correcta identificación de los congrios o de las magnitudes estelares. Sin otra prueba que las máquinas de mármol sé que Jai Singh estaba con nosotros, del lado de la anguila trazando su ideograma planetario en la tiniebla que desconsuela a la ciencia de mesados cabellos, a la señorita Callamand que cuenta y cuenta el paso de los leptocéfalos y marca cada unidad con una meritoria lágrima cibernética. Así en el centro de la tortuga índica, vano y olvidable

déspota, Jai Singh asciende los peldaños de mármol y hace frente al huracán de los astros; algo más fuerte que sus lanceros y más sutil que sus eunucos lo urge en lo hondo de la noche a interrogar el cielo como quien sume la cara en un hormiguero de metódica rabia: maldito si le importa la respuesta, Jai Singh quiere ser eso que pregunta, Jai Singh sabe que la sed que se sacia con el agua volverá a atormentarlo, Jai Singh sabe que solamente siendo el agua dejará de tener sed.

Así, profesor Fontaine, no es de difuso panteísmo que hablamos ni de disolución en el misterio: los astros son mensurables, las rampas de Jaipur guardan todavía la huella de los buriles matemáticos, jaulas de abstracción y entendimiento. Lo que rechazo mientras usted me llena de informaciones sobre el decurso de los leptocéfalos es la sórdida paradoja de un empobrecimiento correlativo con la multiplicación de bibliotecas, microfilms y ediciones de bolsillo, una culturización a lo jíbaro, señorita Callamand. Que Dama Ciencia en su jardín pasee, cante y borde, bella es su figura y necesaria su rueca teleguiada y su laúd electrónico, no somos los beocios del siglo, un brontosaurio bien muerto está. Pero entonces se sale a vagar de noche, como sin duda también tantos servidores de Dama Ciencia, y si se vive de veras, si la noche y la respiración y el pensar enlazan esas mallas que tanta definición separa, puede ocurrir que entremos en los parques de Jaipur o de Delhi, o que en el corazón de Saint-Germain-des-Prés alcancemos a rozar otro posible perfil del hombre; pueden pasarnos cosas irrisorias o terribles, acceder a ciclos que co-

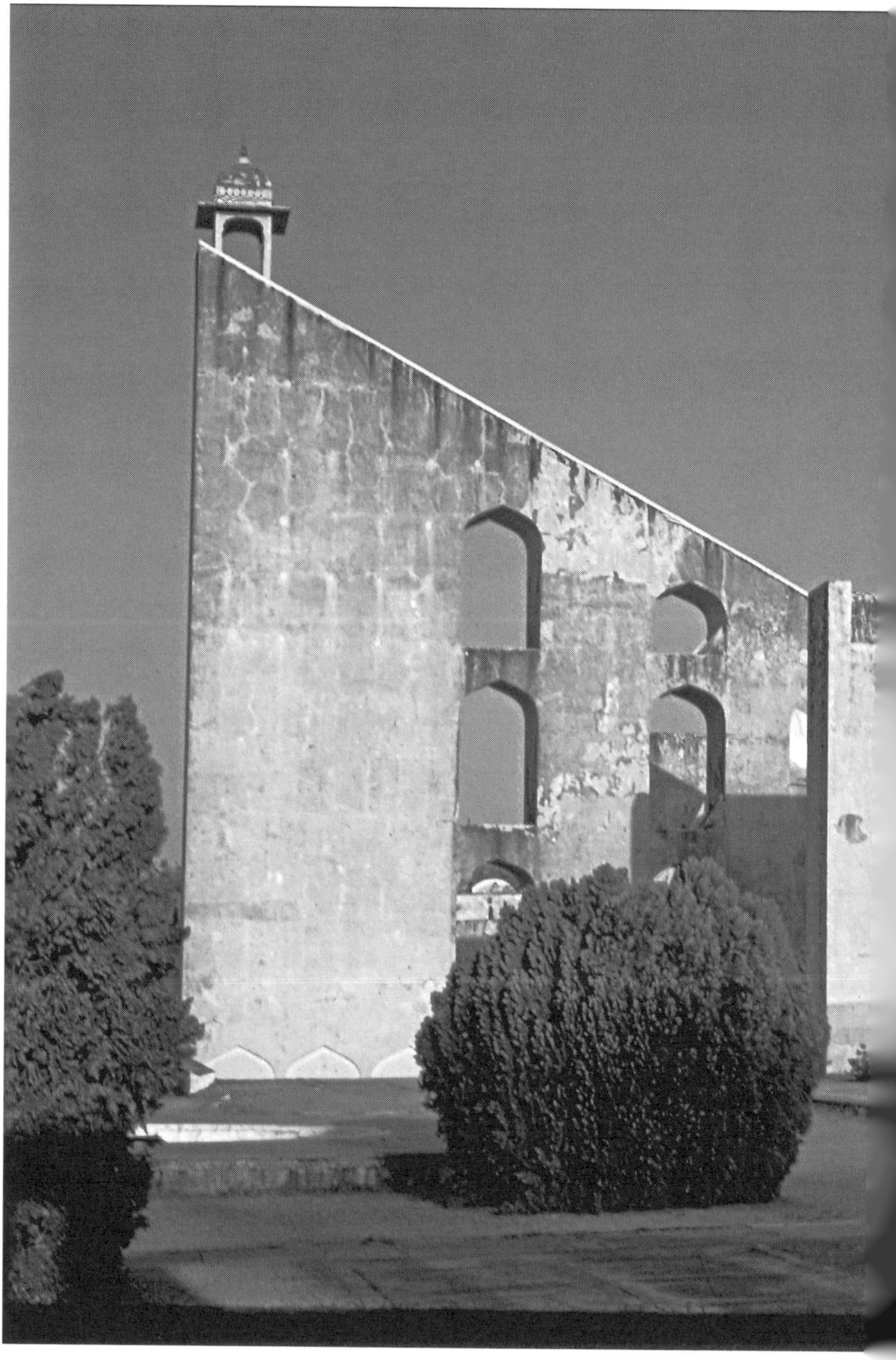

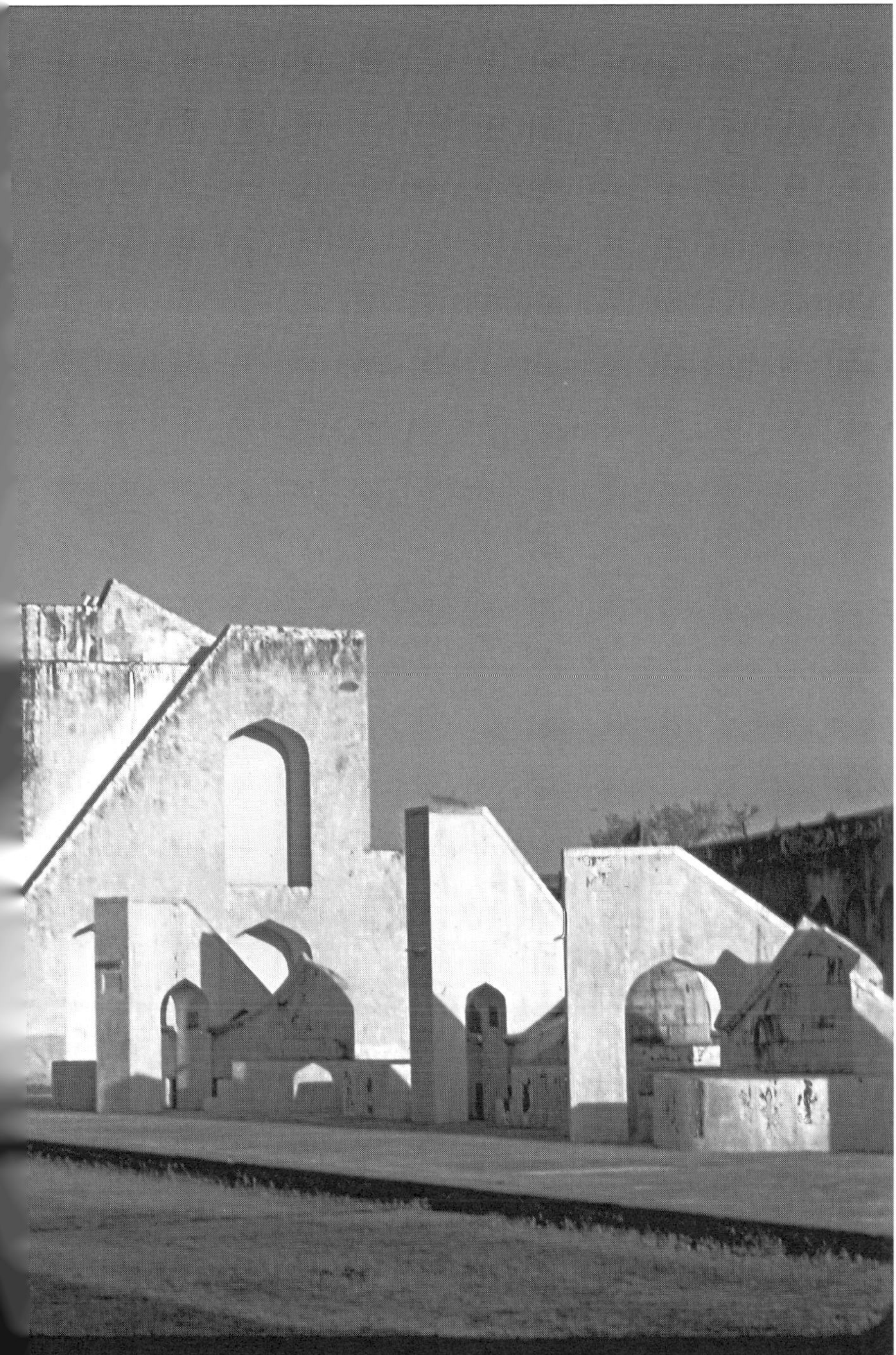

mienzan en la puerta de un café y desembocan en una horca sobre la plaza mayor de Bagdad, o pisar una anguila en la rue du Dragon, o ver de lejos como en un tango a esa mujer que nos llenó la vida de espejos rotos y de nostalgias estructuralistas (ella no terminó de peinarse, ni nosotros nuestra tesis de doctorado); porque no se trata de ahuecar la voz, esas cosas ocurren como los gatos de golpe o el desbordarse de la bañadera mientras atendemos el teléfono, pero solamente les ocurren a los que llevan el gato en el bolsillo, la noche es pelirroja y húmeda, alguien silba bajo un portal, la zona franca empieza; cómo decirlo de otra manera más inteligible, profesor Fontaine, escribirle a la señora M.-L. Bauchot, estimada señora Bauchot,

esta noche he visto el río de las anguilas

he estado en Jaipur y en Delhi

he visto las anguilas en la rue du Dragon en
París,

y mientras cosas así me ocurran (hablo de mí
por fuerza, pero estoy hablando de todos los
que salen a lo abierto) o mientras me habite la
certeza de que pueden ocurrirme,

no todo está perdido porque

señora Bauchot, estimada señora Bauchot, le
estoy escribiendo sobre una raza que puebla
el planeta y que la ciencia quiere servir, pero
mire usted, señora Bauchot, su abuela fajaba
a su bebé,

lo volvía una pequeña momia sollozante

porque el bebé quería moverse, jugar, tocar-
se el sexo, ser feliz con su piel y sus olores y la
cosquilla del aire,

y mire hoy, señora Bauchot, ya usted creció
más libre, y acaso su bebé desnudo juega ahora
mismo sobre el cobertor y el pediatra lo aprue-

ba satisfecho, todo va bien, señora Bauchot, sólo que el bebé sigue siendo el padre de ese adulto que usted y la señorita Callamand definen homo sapiens,

y lo que la ciencia le quitó al bebé la misma ciencia lo anuda en ese hombre que lee el diario y compra libros y quiere saber,

entonces la enumeración la clasificación de las anguilas

y el fichero de estrellas nebulosas galaxias, vendaje de la ciencia:

quieto ahí, veinticuatro, sudoeste, proteína, isótopos marcados.

Libre el bebé y fajado el hombre, la pediatra de adultos, Dama Ciencia abre su consultorio, hay que evitar que el hombre se deforme por exceso de sueños, fajarle la visión, manearle el sexo, enseñarle a contar para que todo tenga un número. A la par la moral y la ciencia (no

se asombre, señora, es tan frecuente) y por su-
puesto
la sociedad que sólo sobrevive
si sus células cumplen el programa. Atenta-
mente la saludo.

Esta carta infundirá en la señora Bauchot
la horrenda sospecha de que los brontosaurios
saben escribir, por eso una postdata gentil, no
me entienda mal, querida señora, qué haría-
mos sin usted, sin Dama Ciencia, hablo en serio, muy en serio,
pero además está lo abierto, la noche pelirroja,
las unidades de la desmedida, la calidad de pa-
yaso y de volatinero y de sonámbulo del ciu-
dadano medio, el hecho de que nadie lo con-
vencerá de que sus límites precisos son el ritmo
de la ciudad más feliz o del campo más ama-

ble; la escuela hará lo suyo, y el ejército y los curas, pero eso que yo llamo anguila o vía láctea pernocta en una memoria racial, en un programa genético que no sospecha el profesor Fontaine, y por eso la revolución en su momento, el arremeter contra lo objetivamente enemigo o abyecto, el manotazo delirante para echar abajo una ciudad podrida, por eso las primeras etapas del reencuentro con el hombre entero. Y sin embargo ahí se emboscan otra vez Dama Ciencia y su séquito, la moral, la ciudad, la sociedad: se ha ganado apenas la piel, la hermosa superficie de la cara y los pechos y los muslos, la revolución es un mar de trigo en el viento, un salto a la garrocha sobre la historia comprada y vendida, pero el hombre que sale a lo abierto empieza a sospechar lo viejo en lo nuevo, se tropieza con los que siguen viendo los fines en los medios, se da cuenta de que en

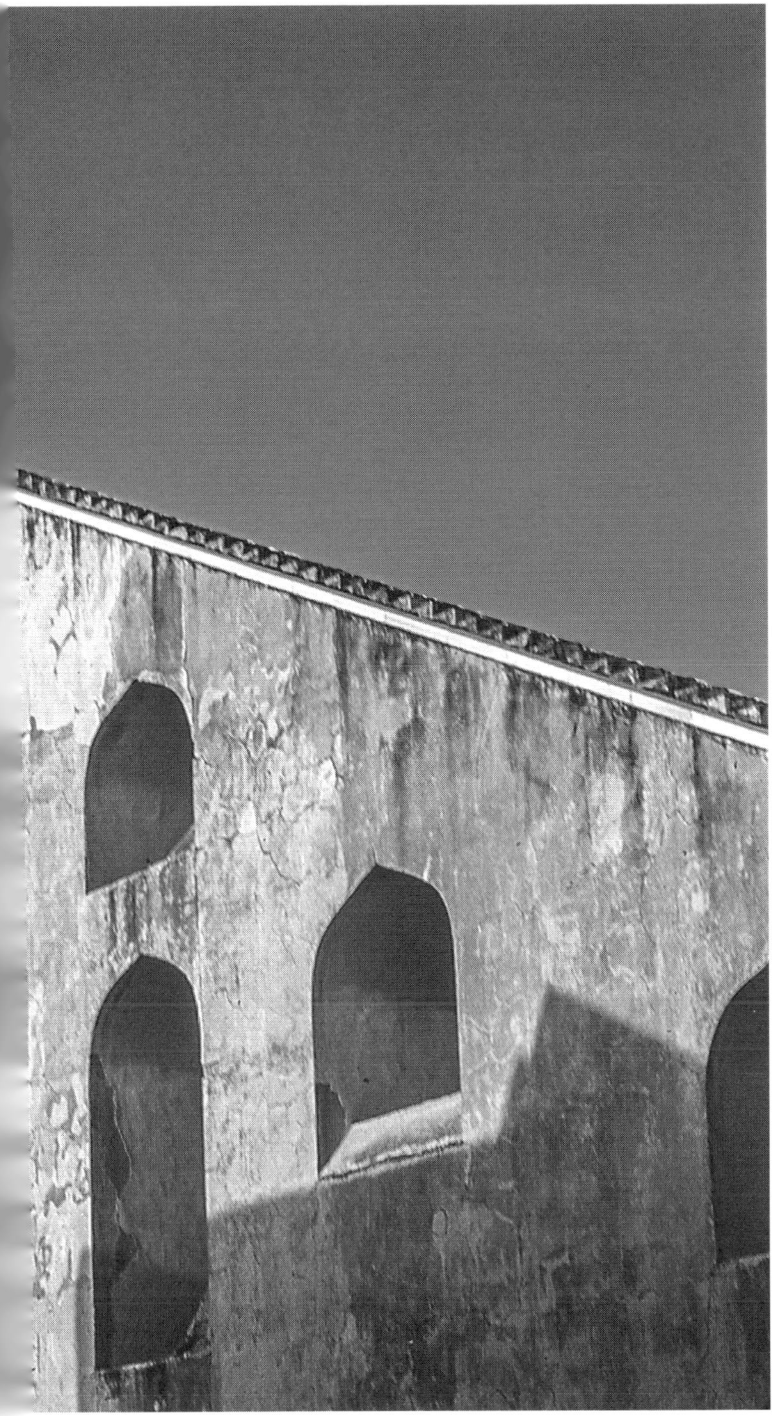

ese punto ciego del ojo del toro humano se agazapa una falsa definición de la especie, que los ídolos perviven bajo otras identidades, trabajo y disciplina, fervor y obediencia, amor legislado, educación para A, B y C, gratuita y obligatoria; debajo, adentro, en la matriz de la noche pelirroja, otra revolución deberá esperar su tiempo como las anguilas bajo los sargazos. Llegar a ella es también serpiente negra de ida, lentos peldaños hacia la plataforma que reta el musgo astral, serpiente plateada de regreso, fecundación, desove y muerte para otra vez serpiente negra, marcha hacia las cabeceras y las fuentes, retorno dialéctico donde se cumple el ritmo cósmico; empleo a sabiendas las palabras más mancilladas por la retórica, de muchas maneras me he ganado el derecho a que brillen aquí como brilla el mercurio de las anguilas y el girasol vertiginoso en las má-

quinas de Jai Singh. Todavía es tiempo de sargazos, de guerrillas parciales que despejan el
monte sin que el combatiente alcance a ver
una totalidad de cielo y mar y tierra. En cada
árbol de sangre circulan sigilosas las claves de
la alianza con lo abierto, pero el hombre da y
toma la sangre, bebe y vierte la sangre entre
gritos de presente y recidivas de pasado, y
pocos sentirán pasar por sus pulsos la llamada de la noche pelirroja; los pocos que se aso-
men a ella perecerán en tanta picota, con sus

pieles se harán lámparas y de sus lenguas se arrancarán confesiones; uno que otro podrá dar testimonio de anguilas y de estrellas, de encuentros fuera de la ley de la ciudad, de arrimo a las encrucijadas donde nacen las sendas tiempo arriba. Pero si el hombre es Acteón acosado por los perros del pasado y los simétricos perros del futuro, pelele deshecho a mordiscones que lucha contra la doble jauría, lacerado y chorreando vida, solo contra un diluvio de colmillos, Acteón sobrevivirá y volverá a la caza hasta el día en que encuentre a Diana y la posea bajo las frondas, le arrebate una virginidad que ya ningún clamor defiende, Diana la historia del hombre relegado y derogado, Diana la historia enemiga con sus perros de tradición y mandamiento, con su espejo de ideas recibidas que proyecta en el futuro los mismos colmillos y las mismas ba-

bas, y que el cazador trizará como triza su doncellez despótica para alzarse desnudo y libre y asomarse a lo abierto, al lugar del hombre a la hora de su verdadera revolución de dentro afuera y de fuera adentro. Todavía no hemos aprendido a hacer el amor, a respirar el polen de la vida, a despojar a la muerte de su traje de culpas y de deudas; todavía hay muchas guerras por delante, Acteón, los colmillos volverán a clavarse en tus muslos, en tu sexo, en tu garganta; todavía no hemos hallado el ritmo de la serpiente negra, estamos en la mera piel del mundo y del hombre. Ahí, no lejos, las anguilas laten su inmenso pulso, su planetario giro, todo espera el ingreso en una danza que ninguna Isadora danzó nunca de este lado del mundo, tercer mundo global del hombre sin orillas, chapoteador de historia, víspera de sí mismo.

Que la noche pelirroja nos vea andar de cara al aire, favorecer la aparición de las figuras del sueño y del insomnio, que una mano baje lentamente por espaldas desnudas hasta arrancar ese quejido de amor que viene del fuego y la caverna, primera dulce tregua del miedo de la especie, que por la rue du Dragon, por la Vuelta de Rocha, por King's Road, por la Rampa, por la Schulerstrasse marche ese hombre que no se acepta cotidiano, clasificado obrero o pensador, que no se acepta ni parcela ni víspera ni ingrediente geopolítico, que no quiere el presente revisado que algún partido y alguna bibliografía le prometen como futuro; ese hombre que acaso se hará matar en un frente justo, en una emboscada necesaria, que chacales y babosas torturarán y envilecerán, que jefes alzarán al puesto de confianza, que en tanto rincón del mundo tendrá razón o culpa en el molino

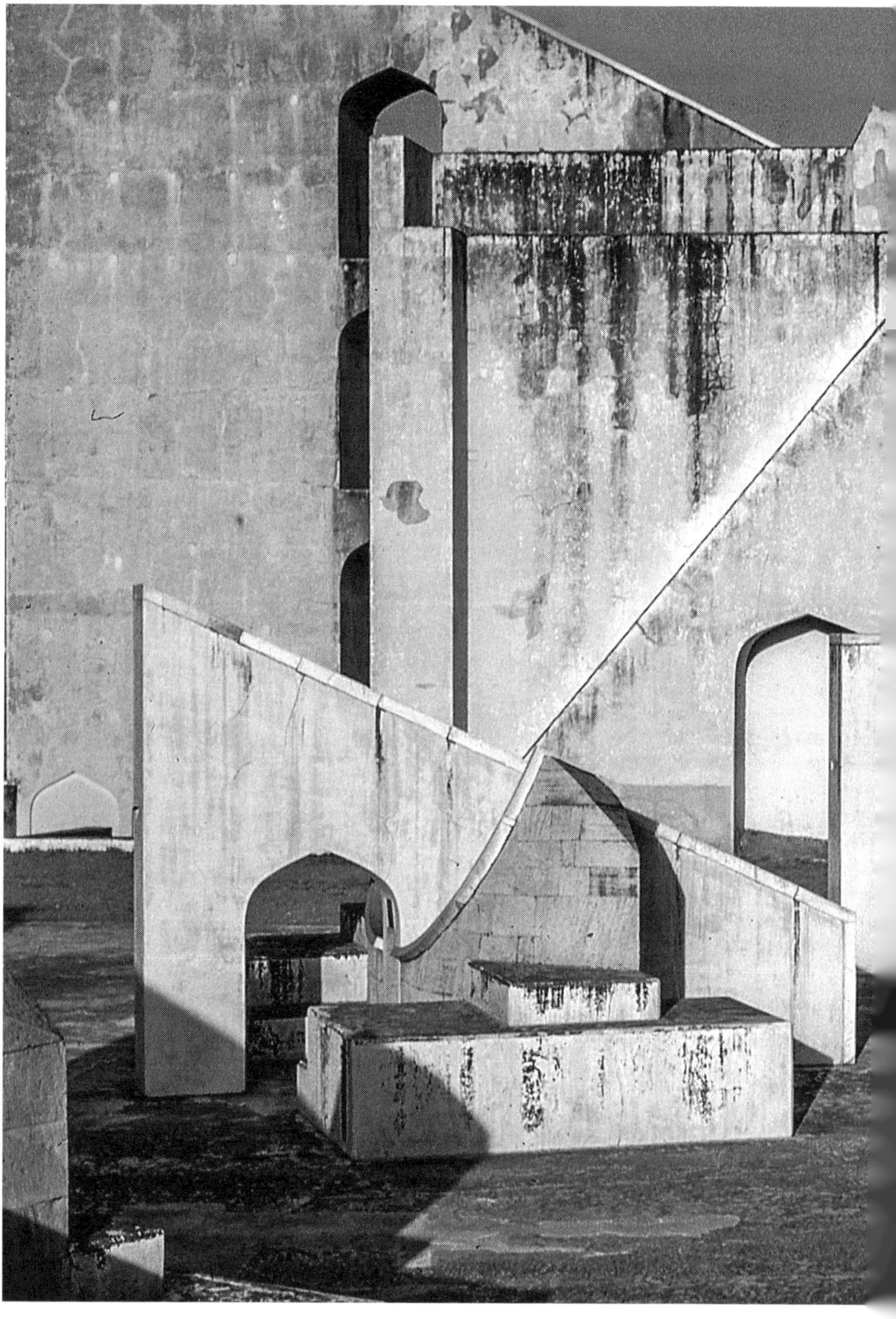

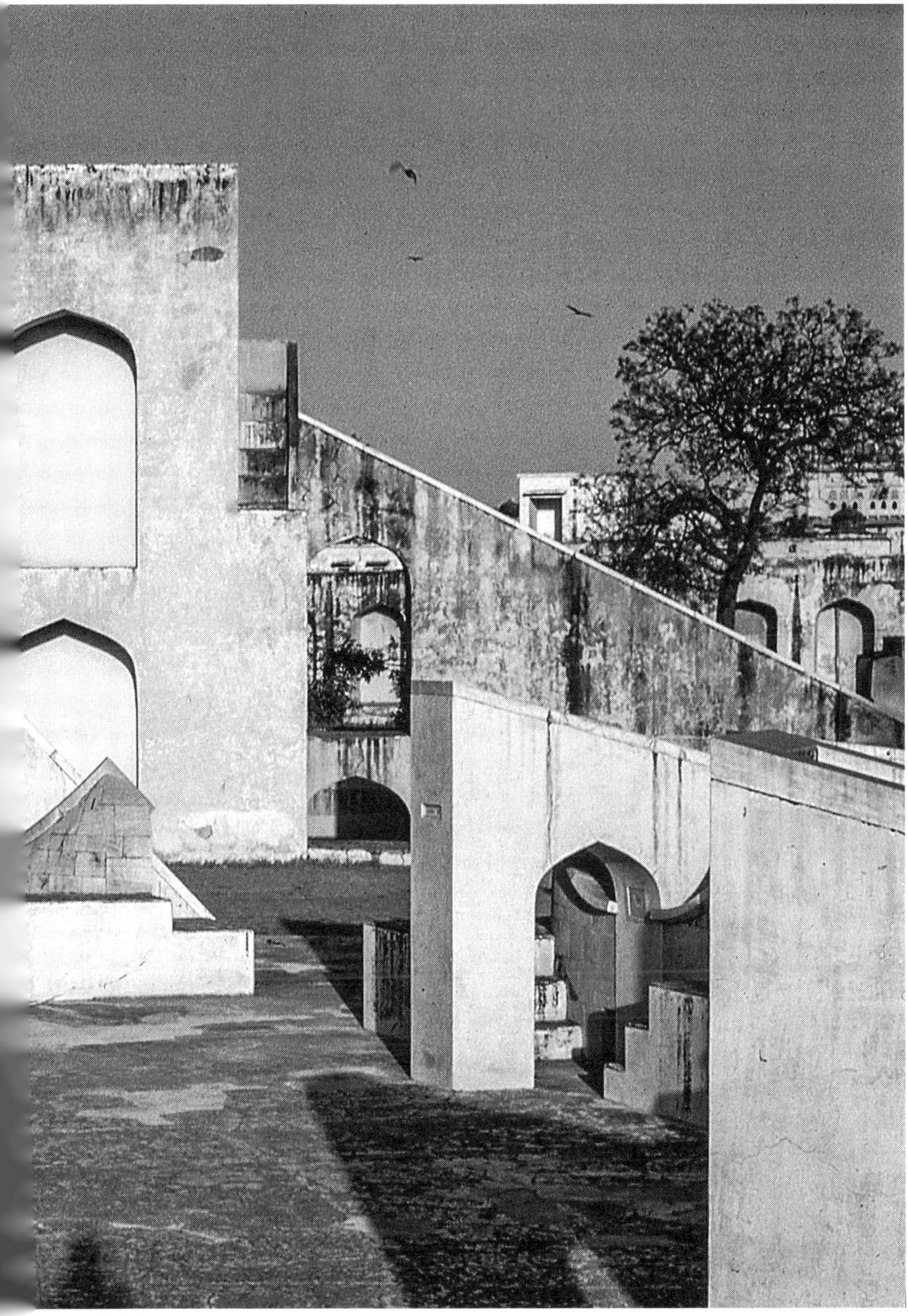

de las vísperas; para ése, para tantos como ése, un dibujo de la realidad trepa por las escaleras de Jaipur, ondula sobre sí mismo en el anillo de Moebius de las anguilas, anverso y reverso conciliados, cinta de la concordia en la noche pelirroja de hombres y astros y peces. Imagen de imágenes, salto que deje atrás una ciencia y una política a nivel de caspa, de bandera, de lenguaje, de sexo encadenado; desde lo abierto acabaremos con la prisión del hombre y la injusticia y el enajenamiento y la colonización y los dividendos y Reuter y lo que sigue; no es delirio lo que aquí llamo anguila o estrella, nada más material y dialéctico y tangible que la pura imagen que no se ata a la víspera, que busca más allá para entender mejor, para batirse contra la materia rampante de lo cerrado, de naciones contra naciones y bloques contra bloques. Señora Bauchot, alguna vez Thomas Mann dijo que las cosas andarían mejor si Marx hubiera leído a Hölderlin; pero vea usted, señora, yo creo con Lukács que también hubiera sido necesario que Hölderlin leyera a Marx; note usted qué frío es mi delirio aunque le parezca anacrónicamente romántico porque Jai Singh, porque la serpiente de mercurio, porque la noche pelirroja. Salga a la calle, respire aire de hombres que viven y no el de la teoría de los hombres en una sociedad mejor; dígase alguna vez que en la felicidad hay tanto más que una cuota de proteínas o de tiempo libre o de soberanía (pero Hölderlin debe leer a Marx, en ningún momento ha de olvidar a Marx, las proteínas son una de tantas facetas de la imagen, vaya si lo son, señora Bauchot, pero entonces la imagen toda, el hombre en su jardín de veras, no un esquema del hombre salvado de la desnutrición o la injusticia). Vea usted, en el parque de Jaipur

se alzan las máquinas de un sultán del siglo dieciocho, y cualquier manual científico o guía de turismo las describe como aparatos destinados a la observación de los astros, cosa cierta y evidente y de mármol, pero también hay la imagen del mundo como pudo sentirla Jai Singh, como la siente el que respira lentamente la noche pelirroja donde se desplazan las anguilas; esas máquinas no sólo fueron erigidas para medir derroteros astrales, domesticar tanta distancia insolente; otra cosa debió soñar Jai Singh alzado como un guerrillero de absoluto contra la fatalidad astrológica que guiaba su estirpe, que decidía los nacimientos y las desfloraciones y las guerras; sus máquinas hicieron frente a un destino impuesto desde fuera, al Pentágono de galaxias y constelaciones colonizando al hombre libre, sus artificios de piedra y bronce fueron las ametralladoras de la ver-

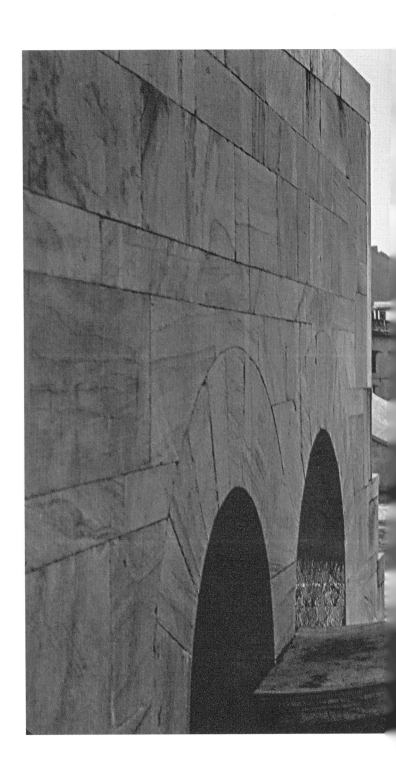

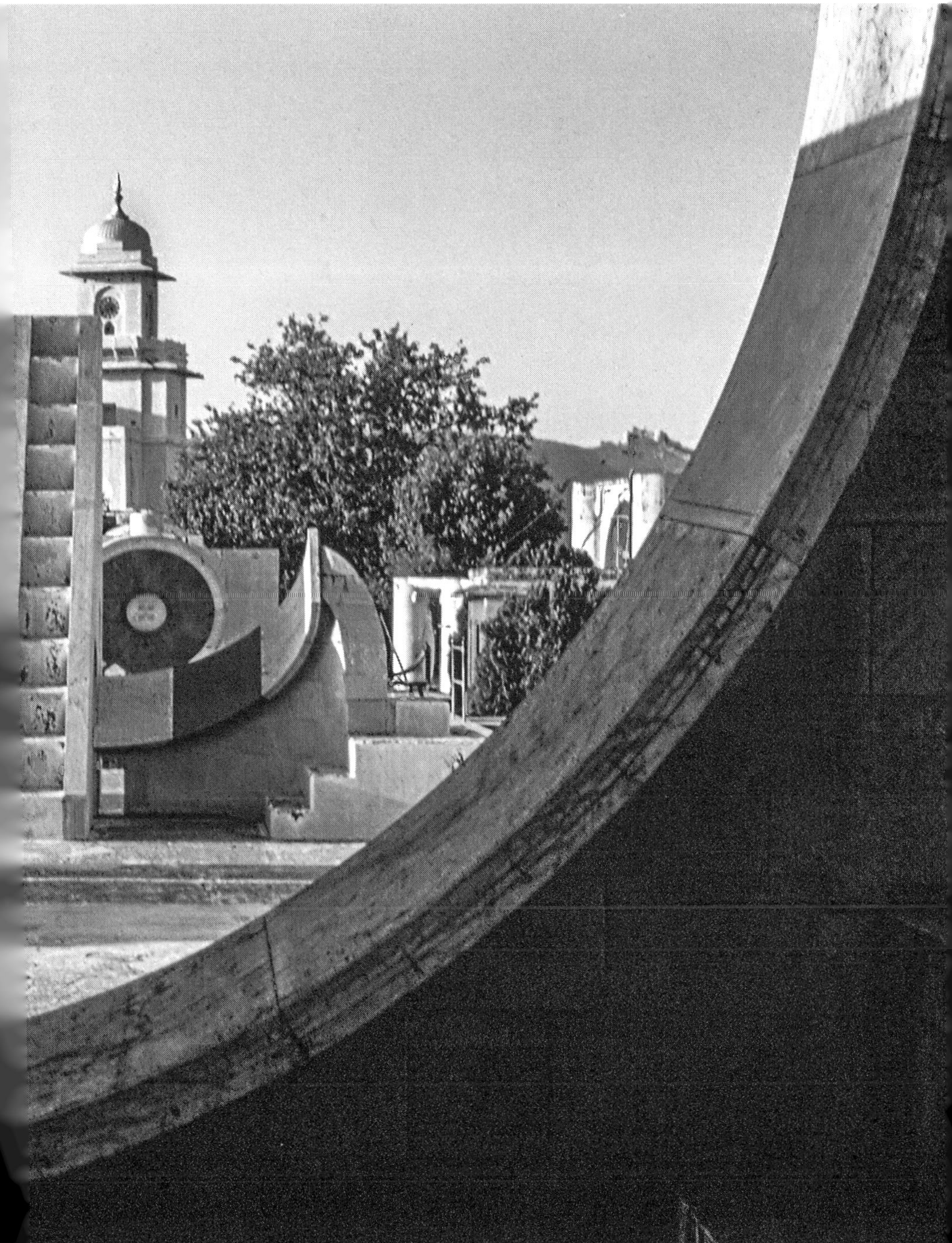

dadera ciencia, la gran respuesta de una imagen total frente a la tiranía de planetas y conjunciones y ascendentes; el hombre Jai Singh, pequeño sultán de un vago reino declinante, hizo frente al dragón de tantos ojos, contestó a la fatalidad inhumana con la provocación del mortal al toro cósmico, decidió encauzar la luz astral, atraparla en retortas y hélices y rampas, cortarle las uñas que sangraban a su raza; y todo lo que midió y clasificó y nombró, toda su astronomía en pergaminos iluminados era una astronomía de la imagen, una ciencia de la imagen total, salto de la víspera al presente, del esclavo astrológico al hombre que de pie dialoga con los astros. Tal vez los gobernantes de la avanzada por la que damos todo lo que somos y tenemos, tal vez la señorita Callamand o el profesor Fontaine, tal vez los jefes y los hombres de ciencia acabarán por salir a lo abierto, acceder a la imagen donde todo está esperando; en este mismo instante las jóvenes anguilas llegan a las bocas de los ríos europeos, van a comenzar su asalto fluvial; acaso ya es de noche en Delhi y en Jaipur y las estrellas picotean las rampas del sueño de Jai Singh; los ciclos se fusionan, se responden vertiginosamente; basta entrar en la noche pelirroja, aspirar profundamente un aire que es puente y caricia de la vida; habrá que seguir luchando por lo inmediato, compañero, porque Hölderlin ha leído a Marx y no lo olvida; pero lo abierto sigue ahí, pulso de astros y anguilas, anillo de Moebius de una figura del mundo donde la conciliación es posible, donde anverso y reverso cesarán de desgarrarse, donde el hombre podrá ocupar su puesto en esa jubilosa danza que alguna vez llamaremos realidad.

París, Saignon, 1971

Este libro se terminó de imprimir
en Fuenlabrada, Madrid,
en el mes de septiembre de 2016